Homolaicus.com

In copertina
Ritratto di Giotto, anonimo del XVI secolo, Louvre

Edizione 2018
proprietà riservata

Mikos Tarsis

LA SVOLTA DI GIOTTO
LA NASCITA BORGHESE DELL'ARTE MODERNA

*Ai tempi di Giotto
i costumi divennero più liberi
e la vita si fece più gaia.*

Hegel

In ricordo di Giancarlo Nacher Malvaioli

Nato a Milano nel 1954, laureatosi a Bologna in Filosofia nel 1977, già docente di storia e filosofia, Mikos Tarsis (alias di Enrico Galavotti) si è interessato per tutta la vita a due principali argomenti:
Umanesimo Laico e Socialismo Democratico, che ha trattato in homolaicus.com
Per contattarlo info@homolaicus.com
I suoi testi sono su Amazon.it.

Miti da sfatare

I critici, nei manuali di storia dell'arte in uso nelle scuole, trattano poco gli aspetti riguardanti la funzione ideologica dell'arte, o dei rapporti fra arte, storia, società, economia... L'interpretazione prevalente è quella estetica, tecnica, stilistica, formale... Esattamente come nei manuali di letteratura i nessi prevalenti sono semplicemente quelli di lingua e stile.

Gli autori di questi manuali, siano essi classici come l'Argan o moderni come il De Vecchi-Cerchiari, per quanto riguarda Giotto, non riescono a cogliere il lato conservatore della sua pittura, sia perché hanno forti pregiudizi nei confronti della pittura bizantina, sia perché sono strettamente legati alle concezioni borghesi del vivere quotidiano, che risultano oggi dominanti.

Ad es. le ieratiche icone vengono generalmente definite prive di *pathos*, perché troppo rigide, piatte o bidimensionali, senza prospettiva, senza spazio, troppo convenzionali, troppo simboliche per essere vere, totalmente prive di movimento peso volume... Si è persino arrivati a criticare gli iconografi bizantini per la loro mancanza di conoscenze anatomiche! E questo nonostante che la riscoperta della pittura bizantina sia avvenuta in Russia sin dall'inizio del XX sec. (si pensi solo all'importanza di Rubljov) e in Italia già verso la metà degli anni '70 del Novecento.

Il fatto è che ci sono alcuni miti da sfatare che permangono inalterati da secoli e che rarissimamente si mettono in discussione. Il primo in assoluto è quello secondo cui con Giotto sarebbe nata la cosiddetta pittura "realistica" (per quanto potesse esserlo, ovviamente, quella medievale, che poi nell'Italia comunale e signorile del XIV secolo era già "borghese" da tempo); in realtà con Giotto è nata la pittura "astratta" o razionale o intellettualistica.

Poiché è stata la pittura giottesca (ivi inclusi i critici ad essa contemporanea) a considerare "astratta" quella bizantina, oggi i critici ribadiscono il medesimo principio, senza rendersi conto che se la pittura bizantina poteva apparire "astratta" a una cultura che non rifletteva più i valori che supportavano quella pittura, la pittura giottesca appariva "astratta" proprio a quella medesima cultura. I pittori bizantini, p.es., rifiutavano il concetto di "prospettiva" (geometrica) perché avevano intuito che con essa si toglieva *intensità allo sguardo*.

Bisogna dunque intendersi sul concetto di "astrazione", poiché la pittura giottesca è solo in apparenza più vicina ai canoni del "realismo" e del "naturalismo". Infatti questa pittura è astratta, e lo sarà tutta quella che proseguirà sulla sua scia, proprio in quanto anzitutto pretende di offrire *una rappresentazione della realtà basata su dei rapporti matematici*.

A partire dalla sua pittura lo spazio viene raffigurato come un "corpo cavo", dove la profondità non è più data dall'intensità degli sguardi dei soggetti, ma dalla *prospettiva*, che diventa misurabile, appunto perché geometrica, matematica. Giotto appare come un architetto che dipinge.

Le sue figure diventano significative solo in quanto sono inserite in un contesto prospettico, e in questo la prevalenza non viene più concessa all'umano ma allo *spazio* che lo deve contenere, e in tale spazio non esistono, propriamente parlando, personaggi più significativi di altri, anzi spesso le raffigurazioni di animali o di cose naturali possono risultare più incisive di quelle degli esseri umani.

La profondità della scena rappresentata non è più "spirituale" ma "fisica". La realtà non viene presa così com'è per essere trascesa (cosa che faceva l'iconografia bizantina), ma per essere *giustificata*. Giotto ha inaugurato l'*antropocentrismo* - e qui sta il suo merito - ma di una classe particolare: quella *borghese*, che di *umanistico* ha assai poco.

La sua pittura, pur essendo basata su dei rapporti matematici e quindi oggettivi, risulta alquanto *individualistica*, nel senso che la scena da dipingere viene situata in un contesto creato arbitrariamente dall'artista. Lo spazio viene strutturato sulla base di *un punto di vista soggettivistico*, che determina *un rapporto intellettualistico con la realtà*. Tant'è che il contenuto religioso dell'opera giottesca è in definitiva irrilevante rispetto alla *forma* con cui si è scelto di rappresentarlo.

Giotto infatti, pur trattando temi religiosi, non vuole parlare di questi temi, ma usando questi temi egli vuole introdurre un modo diverso di vedere la realtà, un modo che è "religioso" nella forma e "borghese" nella sostanza, e volendo rappresentarli in questa maniera forzata, è costretto a trasformare l'aspetto religioso in una banalità. Dice Hegel, nella sua *Estetica*: "A causa di questa tendenza venne perdendosi, relativamente parlando, quella grandiosa, sacra austerità posta a fondamento nei gradi maggiori dell'arte precedente. Il mondano prese posto e si estese; e, secondo lo spirito del tempo, anche Giotto, accanto al patetico, accolse il burlesco".

L'artista non fa più parte di una tradizione consolidata, che deve trasmettere, ma di questa tradizione coglie i punti deboli per operare, in virtù del proprio genio personale, un'inversione di tendenza. Giotto infatti si basa su degli antecedenti che porta a piena maturazione e inaugura un modello di pittura che farà scuola per gran parte della pittura occidentale. Il suo non è stato un intervento estemporaneo, anche se indubbiamente egli ha operato una rottura radicale, mai tentata prima di lui, e che risulterà irreversibile per la pittura italiana ed europea. La piena maturazione del processo da lui inaugurato avverrà solo nel '400, con l'Umanesimo.

Si badi, qui non si vuole mettere in discussione il fatto che la pittura religiosa bizantina andasse superata sulla base di canoni *umanistici* e *naturalistici*; si vuole semplicemente costatare che la scelta operata da Giotto, che è all'origine della pittura moderna, non può essere considerata una vera alternativa alla pittura bizantina. Con Giotto nasce il tentativo di emanciparsi dalla religione dal punto di vista della classe mercantile. E da questo punto di vista non è possibile un vero e proprio superamento della religione. Tra borghesia e religione vi è sempre stato un compromesso e una reciproca strumentalizzazione.

Sotto questo aspetto sarebbe interessante se in futuro potesse nascere una pittura capace di unificare la profondità ontologica della tradizione bizantina con la razionalità laico-umanistica della tradizione giottesca. O comunque sarebbe interessante se tradizioni opposte potessero convivere pacificamente, cercando nella reciproca diversità elementi di crescita comune.

Le pretese di Giotto

In Italia, le ultime tracce della cultura bizantina si conservarono soprattutto nella pittura religiosa, che venne rivoluzionata da Giotto. Il maggior centro della cultura bizantina, in tutta l'Europa occidentale, era Venezia, dove si cercava di modificare quella tradizione iconografica restando però fedeli, in linea di massima, a certe regole stilistiche fondamentali. Invece in Toscana il superamento fu netto, sia a livello formale che di contenuto.

Giotto s'inserisce in una tradizione ben precisa, che trova il massimo di compromesso possibile fra la salvaguardia dei canoni bizantini e le esigenze di modernità della borghesia: quella di Cimabue, che aveva esasperato a tal punto la maniera orientale di dipingere da rendere inevitabile, con Giotto, il suo definitivo eclissarsi.

In effetti, la pittura bizantina italiana del XIII sec. Rappresentava, agli occhi della borghesia e di quella generazione di artisti sorti in ambito borghese, un passato troppo remoto perché valesse la pena conservarlo limitandosi a modificarlo, attualizzandolo, in alcune sue parti (come appunto aveva fatto Cimabue). L'esigenza che s'imponeva era quella di una revisione radicale e totale dei canoni iconografici tradizionali.

Il processo di svecchiamento di questi canoni fu in Occidente molto lento, perché la pittura d'icone era un'arte molto antica e complessa (alcuni studiosi ritengono che le sue origini risalgano alle maschere funebri egiziane): essa implicava non solo una grande perizia tecnica ma anche un'alta spiritualità da parte dell'iconografo (in Oriente il valore di ogni opera pittorica era relativo al modo come essa sapeva conservare la memoria del passato).

Nell'Italia caratterizzata, più di ogni altra nazione europea, dallo sviluppo mercantile dei rapporti di produzione, tale pittura rappresentava la conservazione di rapporti sociali anacronistici, basati sul predominio delle classi possidenti e aristocratiche. Lo stesso potere religioso continuava a servirsi di quella pittura in contrasto con il suo progressivo distacco dalla tradizione e dalla teologia bizantina. Se ne serviva non tanto perché credesse nel suo valore artistico, quanto perché nessun'altra pittura era in grado di reggere il confronto.

Esisteva quindi una duplice antinomia: una fra pittura bizantina e prassi borghese, un'altra fra pittura bizantina e teologia cattolica. La chiesa romana temeva che un mutamento improvviso di genere artistico potesse compromettere la sua stabilità, ma ben presto si renderà conto (grazie appunto all'impresa di Giotto, ideologica e, guarda caso, economica) che un rinnovamento del genere avrebbe potuto contribuire proprio a tale stabilità.

Per superare la tradizione orientale, Giotto recuperò le tradizioni latine naturalistiche dell'Occidente, dando ad esse una significato conforme agli interessi della piccola e media borghesia dell'epoca signorile (affreschi di Assisi). Per poter imporre la sua ricerca, egli approfittò del momento in cui la curia romana commissionò i lavori per la decorazione della basilica superiore di Assisi.

All'inizio i lavori vennero eseguiti da alcuni famosi pittori d'ispirazione bizantina, come Cimabue, Duccio, Torriti e altri pittori romani. In seguito, nonostante l'avversione dei seguaci più intransigenti degli ideali francescani di umiltà e povertà, e con l'appoggio di coloro che volevano l'ordine regolare maggiormente inquadrato nell'azione politico-religiosa della curia, Giotto ebbe il nulla osta definitivo. Addirittura fruì della possibilità di diventare unico protagonista del nuovo ciclo, per la parte inferiore della navata, in virtù dell'iniziativa spregiudicata del nuovo generale dei Francescani.

La serie giottesca delle storie di Francesco non ha carattere biografico o agiografico, ma concettuale e dimostrativo, pur nel rispetto convenzionale delle fonti storiche e leggendarie dell'epoca. La bellezza della sua arte - dirà giustamente il Petrarca - si afferma più coll'intelletto che con gli occhi. Il suo rinnovamento infatti è soprattutto ideologico e, in questo senso, va considerato superiore a quelli avvenuti nell'architettura e nella scultura di quel periodo.

Francesco, nei dipinti di Giotto, non ha l'umiltà disarmante ritratta dal Cimabue, né quel carattere di "unicità" che si riscontra nei pittori della scuola bizantina italiana; egli è piuttosto una persona piena di dignità e autorità morale (la cui azione riformatrice trova un riflesso anche sul terreno politico-istituzionale, in quanto il papato è visto da Giotto come suprema garanzia di ortodossia del movimento francescano). Francesco è in sostanza un riformatore etico-religioso della chiesa, legato a un grande e pacifico movimento, senza quelle pretese politico-eversive che la curia ovviamente non avrebbe mai potuto accettare. Non è un uomo che rifiuta le norme sociali del convivere borghese proponendo una concezione di vita alternativa, ma è un uomo che si sforza di rendere più accettabile, più umana, la stessa vita borghese.

Nella *Rinuncia ai beni paterni* Francesco appare come se fosse già stato accettato dalla chiesa e, in mezzo agli astanti borghesi, solo il padre (appunto in quanto "padre" e non anche in quanto appartenente a una "classe") si scandalizza. La borghesia cioè sembra già essere consapevole, proprio come la chiesa, che Francesco non sarebbe mai stato un rivoluzionario. Essa era già convinta che la sua scelta di povertà sarebbe stata fatta a titolo individuale, solo sul piano morale, per cui non avrebbe implicato alcun mutamento sociale. Le ambiguità dello stesso movimento francescano potevano facilmente indurre a formulare un'interpretazione del genere. Nel *Presepe di Greccio* l'intesa fra chierici e notabili è ancora più evidente.

Nel *Dono del mantello al cavaliere povero* non v'è traccia della povertà. Il gesto è del tutto isolato. Il postulante non sembra affatto povero e neppure Francesco. Il paesaggio, sullo sfondo, è borghese ed ecclesiastico: i due poteri, che convivono in una felice sintesi, convergono entrambi nella figura centrale del santo. Lo spazio, alla sua sinistra, è stato riempito in maniera infelice da un cavallo a grandezza naturale, che sminuisce l'importanza del santo. Il gesto caritatevole di Francesco peraltro è rituale, formale, quasi dovuto o doveroso, non è spontaneo e neppure nasce da esigenze sociali visibili. Francesco è senza discepoli, al centro, a testimonianza che l'esperienza religiosa borghese può essere vissuta anche in modo del tutto individuale.

Giotto infatti ha esaltato l'individuo singolo, legato alla natura, alla storia, alla quotidianità dei rapporti borghesi e, paradossalmente, ha finito col privilegiare il contesto spaziale, la costruzione geometrica, lineare, prospettica. Le parti più importanti e difficili non sono le figure o le teste dei protagonisti ma particolari secondari, decisivi però ai fini della costruzione spaziale.

Tutte le sue innovazioni tecniche e stilistiche volevano essere in funzione anti-bizantina: dalla visione plastica realizzata mediante il chiaroscuro, al rapporto tridimensionale delle forme rispetto allo spazio, dall'equivalenza tra figure e natura, alla subordinazione del colore al disegno... Giotto non concesse nulla ai colori vivaci della tradizione orientale, anzi decise di abolire la "luce" (espressa con l'oro), sostituendola con la profondità dello spazio. La sua visione insomma è plastico-spaziale.

La pittura bizantina esprimeva, in chiave profetica, il distacco dalle cose terrene per un ideale irrealizzabile nel mondo; la pittura giottesca invece aspira a realizzare una riconciliazione tra ideale e reale in nome dell'esigenze di rinnovamento della borghesia. In luogo della simbologia Giotto preferisce il realismo, in luogo della mistica spiritualità il materialismo e il razionalismo.

Questo rinnovamento, di per sé, va considerato positivamente, almeno fino a quando lo sviluppo borghese della società presenta dei tratti progressivi. In effetti, non fa problema che Giotto, alla subordinazione dei personaggi religiosi rispetto all'insieme architettonico del tempio, abbia sostituito la subordinazione di tali personaggi alla società del loro tempo: il problema semmai subentra allorché le contraddizioni della società borghese diventano così acute da richiedere un'alternativa reale. Ecco, se in questo senso si può tranquillamente affermare che Giotto ha saputo togliere all'esperienza religiosa la sua presunta alternatività alla prassi borghese; non si può però dire con altrettanta certezza ch'egli abbia anche saputo individuare un'alternativa *laico-umanistica*, veramente credibile, a tale prassi.

Sin dall'inizio egli ha pensato di fare dell'esperienza francescana una proposta di vita meno esigente di quella che in effetti fu, e più alla portata della borghesia. Francesco infatti assume le sembianze, nella sua pittura, non di un portavoce degli oppressi, ma di un mediatore fra masse e potere, ufficialmente riconosciuto sia dal clero che dalla borghesia. Quel "poverello d'Assisi" divenuto tale proprio in seguito a una polemica anti-borghese, che pur mai si radicò in un'opposizione politica esplicita (come ad es. in un Arnaldo da Brescia), si trasforma nella pittura di Giotto in un'istituzione che legittima, seppure dal punto di vista moralistico della piccola borghesia, la società divisa in classi. In pratica la pittura di Giotto poteva benissimo diventare uno strumento utile alla grande borghesia e alle classi egemoni, strettamente legate al potere della chiesa, affinché le classi medio-basse, dopo decenni di dura lotta politico-religiosa condotta dai movimenti ereticali, riconvergessero verso le istituzioni.

La particolare grandezza di Giotto sta quindi nell'aver saputo superare la crisi della pittura bizantina, che in Occidente (e soprattutto nell'Italia del Duecento) non rispecchiava più in modo adeguato le caratteristiche dell'esperienza socio-religiosa della borghesia, divenuta classe egemone in molte città e signorie italiane. Egli ha saputo perfettamente riflettere, a livello artistico, la progressiva laicizzazione della religiosità tardo-medievale, ponendo così le basi di tutta la pittura moderna.

Tuttavia, il suo realismo e il suo naturalismo umanistico non hanno mai raggiunto l'altissima profondità ideale e spirituale della migliore pittura bizantina, né sono mai riusciti a evidenziare una reale alternativa laica alla concezione di vita borghese. Giotto ebbe la pretesa di "umanizzare" o "laicizzare" la religione, adeguandola alle esigenze della borghesia, ma non è riuscito ad essere coerente con questa sua pretesa: non tanto perché si limitò a dipingere unicamente soggetti religiosi (allora era inevitabile), quanto perché non è riuscito ad andare sino in fondo nel suo originale tentativo di modernizzazione.

Lo dimostra il ritorno (seppur limitato) ai moduli bizantini nel soggiorno padovano, ove egli s'accorge che la sua rivoluzione era suscettibile di una strumentalizzazione politica da parte del potere borghese ed ecclesiastico. Egli a Padova (che era influenzata dalla tradizione bizantina di Venezia) mira a superare, ma invano, quella strumentalizzazione accentuando gli aspetti patetici, lirici, sentimentali della propria pittura. In questo periodo fu molto sentito il suo rapporto con Dante, anch'egli profondamente deluso dagli atteggiamenti della classe borghese fiorentina.

A Padova insomma c'è già la sfiducia nei confronti dell'agire borghese; c'è già, in nuce, la crisi del Trecento, ovvero il progressivo rinchiudersi dell'intellettuale e dell'artista borghese nel lirismo soggettivo, aristocratico, lontano dalla storia, dalle vicende concrete del movimento urbano.

L'ottimismo epico espresso ad Assisi, sconfitto dalla prosaicità della prassi borghese, si tramuta, nelle pareti della Cappella degli Scrovegni con le storie della Madonna e del Cristo, in uno sconsolato e tragico pessimismo. Il suo capolavoro è il *Compianto su Cristo morto*, dove disperazione e rassegnazione, pur nella compostezza dei gesti, appaiono totali. Nella *Pentecoste* il fallimento dell'ideale è così evidente che l'edificio ecclesiastico s'impone di prepotenza sugli apostoli, li schiaccia, li comprime, alcuni di loro vengono addirittura nascosti. La Pentecoste avviene all'interno di un'istituzione già ben definita, chiusa.

Nel *Bacio di Giuda* Gesù sembra che "debba" essere tradito e che la sua volontà si realizzi proprio nel rispetto del destino che gli è stato riservato. La sua estrema compostezza e rassegnazione lo indica. Tutto il resto conta poco, è puramente coreografico. La figura centrale non è Cristo ma Giuda, non è il "bene" ma il "male", non è la "speranza" ma la "disperazione", proprio perché il "bene" non può trionfare su questa terra e Pietro che recide l'orecchio di Malco appare come un illuso. Il gruppo di guardie che catturano Gesù è fermo, compatto, tranquillo, sicuro di vincere: ad esso si oppone soltanto l'incredibile imperturbabilità del Cristo.

La riconciliazione di Giotto con la realtà meschina, gretta, della borghesia, si manifesta pienamente a Firenze, negli affreschi di Santa Croce (cappella Peruzzi e Bardi). Il compromesso fra istituzioni e lirismo (vedi anche l'incarico ricevuto da Bonifacio VIII per l'affresco del Giubileo) è cercato da Giotto come una necessità, certo non come un'esigenza.

Questa volta a Francesco viene riservato lo stesso destino che a Padova egli riservò al Cristo. Nelle *Esequie di s. Francesco* appare chiaro che le istituzioni sono interessate solo a servirsi del "fenomeno", del personaggio singolare (un esponente del potere verifica addirittura l'autenticità della stigmata nel costato), mentre i discepoli ne compiangono amaramente la morte (fra gli stessi discepoli si distingue chiaramente il gruppo di quelli che piangono dal gruppo di quelli che accettano con tranquillità la morte del santo). D'altra parte Giotto non ebbe mai nulla a che fare col movimento francescano degli Spirituali ma solo con quello dei Conventuali, il potente ordine di frate Elia.

Che Giotto fosse un artista abilissimo nei suoi affari era noto: "fu forse l'unico artista fiorentino del Trecento che abbia saputo diventare veramente ricco" - ha scritto Antal. Affittava telai a tessitori troppo poveri per procurarsi questi strumenti e ne traeva un profitto annuo del 120%, aggirando così l'accusa d'essere un usuraio. E siccome operava anche come mallevadore di prestiti, se il debitore non era in grado di pagare, procedeva subito per vie legali e si arricchiva a loro spese: nel 1314 si valse di sei legali in atti contro debitori morosi o insolventi. Era di continuo occupato nell'esazione di crediti, lui che proveniva dalle ristrettezze del mondo rurale.

* * *

L'alternativa alla pittura simbolica bizantina non poteva essere quella realistica di Giotto e dei suoi seguaci rinascimentali, non tanto perché "realistica", quanto perché d'un realismo "borghese". Alla profondità dello spirito umano espresso in forma religiosa (e quindi alienata o illusoria) non poteva essere sufficiente opporre la prospettiva, il chiaroscuro, il realismo delle fattezze umane, il gioco dei volumi... e più tardi la tridimensionalità. L'iconografo non intendeva trasporre in colori delle fattezze naturali, né rappresentare in maniera veridica una scena di questo mondo; gli interessava invece una rigorosa bidimensionalità delle figure, in una prospettiva generalmente inversa (dove le figure più importanti sono sempre più grandi), e la luce la faceva piovere appositamente da uno sfondo dorato, per dare ai personaggi un senso di misticismo: l'icona voleva esprimere pittoricamente un'esperienza trasfigurata, ed era quindi su questa esperienza che bisognava cercare di trovare un'alternativa convincente.

Nella pittura moderna l'uomo ha smesso di guardarsi e ha cominciato a guardare la realtà a lui esterna in maniera matematica, geometrica, spaziale, in cui prima si disegnano le linee rette, oblique, perpendicolari, trasversali, parallele del contenitore... e solo dopo le fattezze umane, il contenuto.

L'umano perde di valore, di dignità, non è affrontato più per quello che è. L'umano acquista valore solo nella misura in cui è vestito, anzi travestito, perché incapsulato in una dimensione architettonica, spaziale, che lo sovrasta, lo schiaccia, lo rende una parte nel tutto e non il tutto presente in ogni singola parte.

Prima era il dipinto che guardava lo spettatore e cercava di coinvolgerlo, interrogandolo sommessamente. Ora invece è lo spettatore che guarda il dipinto e solo per cercare una conferma di sé, di quel che già è.

La pittura di Giotto pretendeva rappresentare l'uomo per quello che è, ma quello che è, è borghese, ed è un uomo con ideali umanamente poveri, perché di parte, di una classe sociale, non sono ideali universali, autenticamente popolari.

Prima, nell'iconografia, l'umano veniva rappresentato per quello che avrebbe dovuto essere e che non riusciva ad essere, se non in misura molto limitata. Si rappresentava non l'umano ma *l'idea di umanità*, l'ideale cui tendere, ed era un ideale religioso, sospiro della creatura oppressa, sognatrice.

Gli sguardi profondi delle icone erano un ideale da raggiungere e irraggiungibile, un compito etico e insieme la consapevolezza di un'impotenza. Alla fine, nella realtà, erano un modo illusorio di compensare le frustrazioni della vita sociale, dominata dai conflitti di classe.

Gli sguardi vuoti, ambigui, biechi, ammiccanti, narcisisti dei soggetti borghesi sono di un realismo di basso livello, in cui ci si può riconoscere soltanto pensando che la vita non ha nulla di edificante da trasmettere.

Per una concezione alternativa dell'arte

In campo artistico la forma è sostanza. Un'opera dovrebbe essere classificata come 'artistica' non solo se trasmette qualcosa al senso del bello che è intrinseco all'essere umano, ma anche se lo fa usando una determinata forma.

Se la forma prevale il contenuto s'impoverisce, ma se è assente, l'opera smette d'essere 'artistica' e diventa qualcos'altro.

Un'operazione artistica può coinvolgere lo spettatore a prescindere da un alto livello di espressione formale, cioè un artista può servirsi di oggetti in modo da stimolare una partecipazione attiva, ma è evidente che quando manca, da parte dell'utente, l'apprendimento di un lavoro propedeutico alla fruizione dell'opera d'arte, il risultato finale sarà sempre molto scarso, molto più scarso di quanto lo sarebbe se lo spettatore fosse posto davanti a un'opera di grande valore formale di cui però non ne comprende l'essenza.

Noi possiamo usare in vari modi le espressioni artistiche per coinvolgere il pubblico, ma non possiamo pretendere che il pubblico s'improvvisi critico d'arte.

L'arte è *conoscenza*, oltre che senso del gusto, del bello, dell'armonia delle parti ecc. L'arte è duro tirocinio, cioè scuola, apprendimento di tecniche, di metodiche, di specificità disciplinari... Il che implica una certa applicazione.

Un'opera d'arte è frutto non solo di una mente geniale, che osserva le cose tradizionali in maniera differente o che propone cose nuove come oggetto d'arte, ma è anche il frutto di un duro addestramento nella manipolazione della materia, nella elaborazione delle forme.

Solo comprendendo questa difficoltà noi possiamo discernere ciò che può essere considerato 'artistico' da ciò che invece è solo improvvisazione o provocazione o dilettantismo. Altrimenti si finisce col sostenere che tutto è arte e niente è arte, in quanto è sufficiente che qualcosa abbia da dire qualcosa.

L'arte, inoltre, non va caricata di istanze politiche che presumono di porre rotture nei confronti della realtà presente (contemporanea all'artista).

L'arte può usare liberamente la politica, ma non può essere considerata meno 'artistica' quella che non lo fa.

Generalmente l'arte si pone come rappresentazione o dell'uomo o della natura; se riflette solo la natura e non l'uomo, non per questo è meno 'artistica'.

La valenza innovativa, di rottura, che può avere l'arte si deve esprimere secondo criteri artistici, per cui le innovazioni devono riguardare soprattutto le forme, le modalità espressive di determinati contenuti, e la finalità di tutto ciò deve restare la pedagogia del bello, la fruizione della verità delle cose attraverso gli strumenti formali dell'arte.

Non può esserci arte senza una concezione estetica dell'arte: la scelta di colori, forme, movimenti... non può essere affidata al caso, se non in via del tutto eccezionale.

Più le scelte sono oculate e più possibilità ci sono che si sviluppi un'opera artistica. Una rappresentazione della realtà, umana o naturale, può essere considerata 'artistica' sul piano formale, e insignificante sul piano del contenuto, ma il contrario, nel campo specifico dell'arte, non è mai vero, proprio perché nell'arte la forma è sostanza.

Dunque un'opera d'arte dovrebbe essere:

1. *umanamente intelligibile*, cioè con elementi tali da poter essere compresa in maniera relativamente naturale;

2. *socialmente condivisibile*, cioè capace di riflettere un sentire comune;

3. *emotivamente significativa*, cioè in grado di trasmettere qualcosa che favorisca la percezione dei sensi e lo sviluppo dei sentimenti;

4. *simbolicamente pregnante*, cioè in grado di porsi in maniera evocativa, come richiamo ad altro da sé;

5. *culturalmente impegnata*, cioè capace di porsi in una tradizione, collegando passato, presente e futuro;

6. *pedagogicamente utile*, cioè capace di stimolare riflessioni o atteggiamenti propositivi;

7. *politicamente democratica*, cioè favorevole a stimolare la convivenza civile.

Iconografia bizantina
Suggerimenti per l'arte contemporanea

Anche se la pittura occidentale è arrivata a distruggere se stessa, scomponendo la figura umana sino a renderla irriconoscibile (cosa che con la nascita della grafica digitale ha avuto uno sviluppo impetuoso), non è possibile ripristinare, *sic et simpliciter*, la teologia delle icone bizantine (come fa p.es. un movimento integralista come Comunione e Liberazione, che di quell'arte vuol prendere solo i canoni estetici tralasciando del tutto quelli teologici).

Anche se qualcuno, come Pavel Florenskij (nato nel 1882 e fucilato nel 1937, durante le purghe staliniste), ha saputo usare la suddetta teologia per contestare i fondamenti della pittura occidentale, non è possibile oggi negare il primato alla laicità. Alla crisi della concezione non-religiosa dell'esistenza e quindi dell'arte non è possibile rispondere col ripristino della concezione religiosa feudale.

Non è possibile farlo né con la religione cattolico-romana, che è stata la prima a compromettersi con l'ideologia borghese, iniziando, suo malgrado, un percorso verso la laicizzazione dell'arte; né con quella ortodossa, che pur all'ideologia cristiano-borghese ha cercato di resistere maggiormente, restando legata al proprio passato.

Semmai ci si può chiedere se alla pittura laica di tipo cristiano-borghese, inaugurata da Giotto, i cui contenuti laici venivano espressi in una forma religiosa, è possibile cercare un'alternativa laica di tipo più umano, più popolare, più democratico, più proletario..., cioè un'alternativa più coerente con se stessa e che dimostri di avere valori vivibili dall'intera collettività.

Da un punto di vista laico non ha senso sostituire la 'corrotta' religione cattolica (che raggiunge il suo apice di corruzione in quella protestante) con la fede ortodossa (slava o greca). L'operazione laicista da fare, in campo artistico, è abbastanza precisa: nel mentre si contesta il nesso di fede e business, occorre considerare la religione in sé (a prescindere dalla sua espressione confessionale) un'alienazione da superare.

Detto questo, in via preliminare, si può ora analizzare se nelle tesi di Florenskij contro l'arte occidentale, vi possano essere elementi da utilizzare in chiave laica. Se troveremo aspetti significativi, vorrà dire che la fede ortodossa, essendo stato lui un arciprete russo, ha conservato un riferimento maggiore ai valori dell'umanesimo, rispetto a quanto non abbiano saputo fare le altre due confessioni cristiane.

Gli storici occidentali e quelli dell'arte in particolare devono imparare a setacciare le confessioni religiose d'ogni specie, cercando di trarre da esse quanto può in qualche maniera risultare utile a uno sviluppo dell'umanesimo laico. Nei confronti dell'arte cristiano-borghese si sono comportati in maniera molto superficiale, dando per scontato che alla crisi dell'arte religiosa feudale non ci potesse essere altra soluzione che quella giottesca.

Ancora oggi, dopo 700 anni, l'interpretazione della nascita dell'arte moderna è rimasta immutata.

* * *

La prima cosa che Florenskij dice, nel suo testo *Le porte regali* (Adelphi, Milano 1977), è che la pittura andrebbe fatta su una parete (affresco sul muro) oppure su legno, proprio perché se è una cosa che va al di là dell'artista, essa merita di rimanere nel tempo. Ci vuole cioè qualcosa di tecnicamente stabile, come le caverne degli uomini primitivi, qualcosa di immobile. Il legno d'icona, grazie a una particolare lavorazione preliminare, s'è liberato dai condizionamenti materiali dell'affresco, senza perderne la saldezza.

In secondo luogo l'icona non è un'opera d'arte autosufficiente, ma il prodotto di un'esperienza e coscienza collettive (che allora erano religiose).

L'iconografo sentiva d'avere una responsabilità nei confronti d'un collettivo in cui lui stesso si riconosceva. E non lavorava mai sentendosi solo, isolato. L'icona doveva restare fedele a una tradizione.

In terzo luogo il volto umano, essendo espressione della vita interiore, era e ancora oggi è la parte fondamentale dell'icona: tutto il resto va considerato riempitivo. Il volto si chiama 'sguardo', 'sembianza' e non va mai raffigurato in antitesi alla natura. Il volto non può essere astratto, né può scomparire all'interno di un paesaggio.

In quarto luogo la luce, resa dall'oro, è fondamentale nell'icona, che è totalmente priva di ombre, chiaroscuri e mezzi toni. Si guarda un'immagine per elevarsi, per migliorarsi, per riconoscersi in ciò che meglio esprime quanto di umano vi è in noi. La realtà emerge come rivelazione del l'essere, a partire dallo sguardo: "non si compone di parti, non è formata dalla giustapposizione d'un pezzo all'altro o di una qualità all'altra" (p. 158). L'ombra non è essere ma sua assenza. La stessa luce naturale non ha alcun valore.

Nella pittura occidentale gli oggetti appaiono perché illuminati da una fonte di luce che può trovarsi ovunque. Gli oggetti sono autoreferenziali.

Devono soltanto essere illuminati per essere visti, e tutto finisce lì. Non c'è gerarchia dell'essere. E quando ci si prova a crearla, con la prospettiva, il risultato è del tutto artificioso, puramente geometrico.

Nelle icone la prospettiva è rovesciata, poiché le linee si dirigono in senso inverso rispetto a chi guarda, cioè non verso un punto di fuga interno alla rappresentazione, ma proprio verso un punto esterno, che avvicina le linee allo spettatore, dando l'impressione che i personaggi gli vadano incontro (i profili infatti non esistono, se non per indicare i peccatori, né la tridimensionalità, in quanto la profondità viene data solo spiritualmente, dall'intensità degli sguardi).

Anche le proporzioni delle figure, la posizione degli oggetti, la loro grandezza non sono naturali (pesi e volumi non esistono), ma è tutto relativo al valore delle persone o delle cose: non esiste naturalismo o realismo (cioè la ritrattistica), ma solo simbolismo.

"La pittura d'icone raffigura le cose come prodotti di luce, e non come illuminate da una fonte di luce" (p. 170). È una distinzione sottile, che investe l'ontologia.

Quello che manca alla pittura occidentale è l'ascesi, la spiritualità. Solo con l'ascesi si può capire che la luce, pur producendo le cose, non si esaurisce in queste. Florenskij considerava più significativa la pittura dell'antichità, perché incomparabilmente più simbolica o comunque più lontana dalla somiglianza naturalistica dell'arte occidentale (p. 180).

* * *

Ora, quali osservazioni si possono fare a questa concezione dell'arte, in modo da valorizzare la critica all'aspetto materialistico della nostra rappresentazione delle cose, senza però finire nelle braccia di un'obsoleta concezione religiosa della realtà?

C'è solo un modo per ricostruire un'arte a misura d'uomo: partire dalle esigenze umane di autenticità, libertà, democrazia... Partire dai bisogni che ci condizionano. La pittura o l'arte in generale non può essere una forma d'illusione che si usa quando non si sanno dare risposte sociali, concrete, ai bisogni umani. La pittura deve servire non per far sognare, non per far evadere, ma per capire il presente, per stimolare un intervento su suoi problemi. Quindi non un richiamo all'Essere con la maiuscola, per ottenere un intervento magico dall'alto, ma semplicemente un invito ad 'essere se stessi', in virtù di una decisione esistenziale collettiva.

La pittura non può creare miti (come ha sempre fatto in tutte le civiltà), proprio perché l'oggetto principale che deve rappresentare è il soggetto della storia: il popolo. Il pittore deve soltanto operare delle scelte che aiutino a riflettere, a trovare valori, atteggiamenti adatti alla ricerca dell'essere-quel-che-si-deve-essere, atteggiamenti consoni alla visione umanistica della realtà. Non un 'realismo socialista' codificato dall'alto, imposto da un partito-stato, ma un realismo che si può dedurre solo con uno sguardo interessato ai problemi della realtà.

Il pittore deve essere un umanista, prima ancora che un uomo politicamente schierato. Che debba comunque schierarsi è inevitabile, poiché non può porsi al servizio di chi lo paga, non può essere un cortigiano di corte.

Ma se è vero che non deve edulcorare la realtà, facendola sembrare più bella di quello che è, né deve rappresentarne un particolare (bello o brutto che sia) facendo credere che sia la totalità, il pittore non è neppure tenuto a rappresentare la realtà per quello che è. Il pittore, in quanto artista, ha diritto di andare oltre lo stretto realismo e di trasfigurare la realtà, anche perché la realtà è rappresentabile, nella sua interezza e nella sua verità, sempre e solo in maniera limitata.

Per evitare di mistificare, in un modo o nell'altro, la realtà, l'artista deve porsi al servizio di una collettività, in grado di testimoniare l'importanza concreta dei valori umani. Usare la pittura in maniera del tutto soggettivistica, semplicemente per esprimere un proprio desiderio, una propria frustrazione, nella vaga speranza d'essere capiti, apprezzati, non è garanzia sufficiente di utilità sociale della pittura. Il pittore deve andare là dove c'è bisogno di lui.

Un cammino per avvicinarsi alla comprensione di un'opera d'arte

di Giancarlo Nacher[1]

Una delle domande più frequenti che si rivolgono al critico è: "Come posso comprendere e godere una opera d'arte?". Prima di tutto, per poter penetrare realmente nel mondo complesso dell'arte si deve coltivare ed affinare la propria sensibilità, oltre ad avere un particolare interesse, o meglio vocazione, ed acquisire una cultura appropriata.

Credo che l'opera d'arte possieda tre elementi o valori che si coniugano in perfetta unione.

---

[1] Giancarlo V. Nacher Malvaioli nacque a Fabriano, provincia di Ancona. Studiò nel liceo classico di Fabriano, nell'Istituto per ragionieri di Ancona, nell'università di Siena (corsi per professore d'inglese). Dal 1948 al 1952 fu corrispondente del "Messaggero" e del "Giornale d'Italia" di Roma e della "Voce Adriatica" d'Ancona. Nel 1955 partì per il Messico. Nel 1959 fu assunto dall'Instituto Tecnológio y de Estudios Superiores de Monterrey (I.T.E.S.M.) come professore universitario, posto che occupò durante 27 anni, fino al giorno della sua andata in pensione. In tutti questi anni ricoprì le cattedre di storia universale, lingua italiana, storia ed educazione artistica. Nel 1968 fu socio fondatore e segretario della Societá Dante Alighieri a Monterrey. Nel 1971 apparve il suo nome nel libro "Chi è Chi in Italia". Nel 1974 fu decorato con la Croce di Cavaliere della Repubblica Italiana. Dal 1975 al 1986 fu direttore del dipartimento di diffusione culturale dell'Instituto Tecnológico y de Estudios Superiores de Monterrey. Dal 1984 al 1988 fu socio fondatore e presidente del nuovo centro culturale italiano della Dante Alighieri, a Monterrey. Nel 1986 fu socio fondatore e posteriormente, dal 1990 al 1991, presidente dell'Associazione della Plastica di San Pedro, Garza García (Monterrey). Dal 1987 al 1991 fu nominato dall'Ambasciata d'Italia rappresentante ufficiale del Co.Em.It. (gli attuali Com.It.Es.) per la comunità italiana del nord-est della Repubblica Messicana. È stato presidente vitalizio ad honorem della Società Dante Alighieri, professore emerito dell'Instituto Tecnológico y de Estudios Superiores de Monterrey e critico d'arte. Dal 1987 al 1991 fu consulente della carriera di laureato in arte dell'Università di Monterrey (U.D.E.M.). Nel 1998 ricevette un riconoscimento ufficiale dalla Dante Alighieri di Montrerrey. Nel 2000 ricevette una targa di riconoscimento per le sue attività come scrittore, come accademico e come diffusore della cultura italiana a Monterrey, dalla Sociedad Dante Alighieri de Monterrey. Nel 2000 ricevette una targa di riconoscimento per le sue disinteressate attività dall'Associazione della Plastica di San Pedro, Garza García.

- Il *valore culturale*, che consiste in una serie di valori universali culturali che l'artista proporziona alla sua opera quasi sempre in maniera inconscia e che si comunicano allo spettatore per mezzo dell'intelletto, producendo la fruizione razionale.

- Il *valore estetico*, risultato della maniera peculiare dell'artista di risolvere i problemi tecnici che si presentano di volta in volta, creando composizioni originali, che si comunicano allo spettatore per mezzo della sensibilità, producendo la fruizione estetica.

- Il *valore tecnico o formale*, che consiste nell'uso degli elementi tecnici basici e che permettono all'artista di potersi esprimere in maniera adeguata.

Ora bisogna ricordare che gli elementi tecnici sono gli stessi che usa l'artigiano, però mentre per l'artista la tecnica è solo un mezzo per potersi esprimere, per dar vita alla sua creazione, per l'artigiano invece è il fine unico e ultimo della sua produzione.

Il valore *estetico*, senza il valore *culturale*, si trova nella stessa natura: per esempio un tramonto, un'alba, un determinato paesaggio, un bel corpo umano, un bel viso, un fiore, un bell'animale, ecc.

Il valore *culturale* è esclusivo dell'uomo, e si relaziona con la cultura della sua epoca, della sua esperienza, dei suoi valori, del suo saper fare, del suo particolare modo di creare, del suo temperamento, del suo stile.

La persona che si avvicina senza esperienza all'opera d'arte generalmente si limita a pronunciare le solite frasi, come "mi piace" o "non mi piace", perché carente della conoscenza necessaria per poter esprimete un giudizio critico. È lo stadio che Aaron Copland chiama, in musica, il piano sensuale: "Non si ascolta realmente la musica, ma ci si immerge nella sua atmosfera, che crea un ambiente gradevole".

La persona che ha studiato soltanto in un'accademia e ha qualche conoscenza della tecnica artistica, si limita a verificare se l'opera è stata eseguita in accordo con le regole accademiche, nella loro applicazione esatta e minuziosa, confondendo così l'arte con l'artigianato; pretende inoltre che il tema sia reale, gradevole, grazioso, bello.

Varcando i confini tra il non-estetico e l'estetico troviamo che lo spettatore comincia ad analizzare l'opera, cerca di risalire all'idea originale dell'autore, a ciò questi vuole esprimere, e se è riuscito a creare davvero qualcosa di originale, di nuovo, d'interessante.

In musica, sempre secondo Copland, si tratta del piano espressivo, che può condurre a una fruizione emotivo-razionale.

Gli artisti generalmente non amano parlare del tema e del contenuto in sé, ma preferiscono analizzare gli elementi formali, le risoluzioni nuove e originali dei vari problemi tecnici.

È solo in uno stadio superiore che troviamo colui che analizza l'opera dal punto di vista della coniugazione, in perfetta unione, dei valori precedentemente menzionati.

Ponendosi davanti a un'opera d'arte, lo spettatore può stabilire con essa un contatto emotivo, ma, perché questo sia molto più completo e profondo, deve analizzarla ricercando i seguenti dati ed elementi: critica di esperti famosi (credo sia necessario ricordare che criticare significa analizzare, investigare), cultura dell'epoca del pittore, stili, dichiarazioni dello stesso artista, ecc., che gli permettono di comprendere adeguatamente la cultura dell'artista.

Se non riesce a stabilire subito un contatto emotivo, può invertire i 'fattori' e cominciare ad analizzare l'opera e l'autore partendo dai dati ed elementi suddetti, dopodiché, con tutto il bagaglio dei dati acquisiti, deve riavvicinarsi all'opera e cercare di stabilire con essa un rapporto emotivo.

Dibattito su Giotto

Questo dibattito avvenne nel 2005 attraverso uno scambio di mail. Non è stato riveduto dal prof italo-messicano Giancarlo Nacher, che ha contribuito in vari modi allo sviluppo del sito homolaicus.com e che è deceduto nel 2008.
GN e EG sono le iniziali dei nostri rispettivi nomi e cognomi.

I

Dunque ritornando al nostro colloquio avvenuto ad Ancona tu mi dicevi che la pittura prima di Giotto ti faceva sentire il senso religioso che emanava, mentre quella a partire di Giotto ti sembra solo un artificio intellettuale.

Infatti così ci sembra oggi, in prospettiva storica. Brevemente ti ricordo che il cristianesimo primitivo era completamente ostile all'arte, poi il razionalismo scolastico, durante il Medio Evo, lasciò aperto uno spiraglio: la pittura era "tollerata" dalla Chiesa in quanto riproduceva ed esaltava le opere della natura create dal Padreterno, quindi imitare la natura equivaleva a pregare. Non esisteva la preoccupazione per la bellezza, l'arte doveva essere soltanto utile; infatti il clero protestava contro l'abbellimento delle chiese. Era un'arte antiestetica, antisensuale, esclusivamente razionale che doveva ubbidire al codice morale e ai canoni giuridici delle confraternite e dell'artigianato.

Il Rinascimento reagì contro questo concetto: la vita non è solo vita contemplativa, l'uomo non deve annullare la sua sensibilità, l'arte dev'essere una manifestazione ampia e completa di tutto l'essere umano. L'arte non era più un mezzo per, ma un valore in se stesso (cominciò a nascere il concetto dell'arte per l'arte, che poi ritroveremo nel secolo XVI e nelle polemiche dei secoli posteriori, fino al secolo XIX).

Leone Battista Alberti definì l'opera d'arte con la parola "*concinnitas*": armonia e perfezione che si capta per mezzo della ragione e del sentimento; l'arte non è più la "*ancilla theologiae*", la serva di un dogma, ma diventa indipendente.

Oggi poi la critica dà più importanza alla fruizione razionale, anche se non dimentica quella sensuale.

Simbologia delle icone bizantine: traduco riassumendo dallo spagnolo un saggio di Manuel Vega apparso in internet:

I colori hanno lo scopo di separare il cielo dalla nostra esistenza terrena.

Quindi gli iconografi non possono utilizzare liberamente i colori, né applicare tonalità diverse, né oscurare le immagini con ombre, ma semplicemente applicare il colore previamente imposto loro. Il secondo concilio di Nicea stabilì che solo la realizzazione tecnica dell'opera doveva dipendere dal pittore, tutto lo schema originale, l'organizzazione e la composizione, le immagini, i colori, la luce stessa dovevano dipendere dai santi padri, applicando e seguendo scrupolosamente i manuali da loro scritti.

Oro: tutti i secondi piani sono d'oro brunito per ottenere la massima lucentezza. L'oro rappresenta la luce di Dio e ogni immagine rappresentata è gravida della luce divina. I mantelli e le tuniche di Dio e della Madonna, alcuni arcangeli e santi sono decorati con disegni d'oro, per la loro vicinanza a Dio.

Bianco: rappresenta la luce stessa, la "Nuova Vita".

Nero: rappresenta l'assenza totale della luce, il nulla, il caos, la morte, i diavoli, i condannati eternamente sono dipinti di nero.

Rosso: usato per i mantelli e le tuniche di Cristo e dei martiri, simbolizza il sangue del sacrificio ed anche l'amore, dato che è la causa principale del sacrificio. Al contrario del bianco che è l'intangibile, il rosso rappresenta la pienezza della vita terrena.

Porpora: rappresenta il potere imperiale (solo l'imperatore e i suoi familiari e altri re erano autorizzati ad usarlo, oltre a Cristo e alla Madonna).

Azzurro: come in Egitto anche in Bisanzio era il colore della divinità, quindi di Dio, Cristo e la Madonna e le persone alle quali trasmettono la santità.

Verde: è il colore della natura, della vita terrena, dell'arrivo della primavera, e significa nei personaggi il rinnovamento della vita spirituale.

Marrone: significa la terra e anche l'umiltà.

Questi sono gli unici colori che si permettono di utilizzare. Gli altri colori, dato che non contengono simbologie di sorta, sono proibiti.

La figura umana: è antirealistica, in opposizione alla bellezza fisica greca. La bellezza interna dell'anima prevale sull'estetica, obbedendo alla missione evangelica.

Le teste delle figure non hanno proporzione alcuna col resto del corpo, e rappresentano l'intelligenza e la sapienza e sono recettive della luce divina. Le teste femminili sono sempre coperte, celando i capelli. Le fronti gonfiate significano intelligenza superiore assistita dallo Spirito Santo. Le aureole rappresentano la luce di Dio.

Il viso: è il centro spirituale delle icone, e dev'essere esattamente uguale per ogni divinità o santo, altrimenti perderebbe per il credente il suo effetto. Generalmente il volto è visto di fronte, dato che significa "presenza". In atteggiamento di preghiera, dato che il suo pensiero è sempre rivolto a Dio.

A volte il volto è di tre quarti, ma la sua vista è frontale. Se il volto appare di profilo significa che non ha ancora raggiunto la santità. La nuca non è mai rappresentata, dato che in Grecia gli schiavi si chiamavano "*aprosopos*", cioè "quelli senza faccia". Anche in riferimento al

Vangelo di San Luca che afferma "Colui che guida l'aratro e guarda indietro non serve per il Regno di Dio".

Gli occhi sono molto grandi e non hanno proporzione in relazione alla testa, inoltre sembrano immobili, pretendono di rivelare la verità, perché non solo vedono, ma vigilano e interrogano, penetrando fino in fondo nell'anima del credente. In relazione anche con il Vangelo di San Luca "I miei occhi hanno visto la tua salvezza" e "Il tuo occhio è una lampada. Se è trasparente, tutta la tua persona riceverà la luce. Però se è opaco, la tua persona sarà molto confusa".

Il naso appare allungato e stretto, come la linea che unisce gli occhi alla bocca. Deve impedire l'entrata della fragranza del mondo materiale, per poter ricevere l'odore di ciò che è sacro, e deve servire di condotto all'alito dello spirito che deve inondare tutta la personalità dell'essere rappresentato nell'icona.

La bocca, la parte più sensuale secondo molti filosofi, è annullata nelle icone, e dipinta con linee tenui e fini, e due triangoli al posto della labbra sempre chiuse. Come disse Zaccaria: "Tutto deve tacere di fronte a Yahvè".

Le orecchie, che si dice non finiscono mai di crescere, sono rappresentate molto grandi nei santi, per significare che questi pongono attenzione nell'ascoltare il richiamo di Dio, ma nella maggior parte dei casi sono quasi invisibili, essendo coperte, salvo i lobi, dai mantelli o dai capelli, poiché l'immagine deve restar sorda ai rumori del mondo ed ascoltare solo le voci della coscienza.

Il mento si rappresenta volitivo ed energico, anche nelle immagini femminili, e simbolizza una gran forza spirituale. [2]

Il collo è allungato, dato che è il mezzo per il quale il corpo riceve il soffio vivificatore dello spirito.

Il corpo umano è alto e snello, scevro di volume, coperto da ampi vestimenti che occultano qualsiasi apparenza sessuale. La snellezza simbolizza la superiorità dello spirito sulla carne e la rinuncia a qualsiasi cosa materiale e a ogni faccenda terrena. La mancanza di gesti e movimenti simbolizza la "santa pace", dato che i movimenti bruschi sono sinonimi del peccato umano.

Il corpo non proietta ombre, perché per Dio non ci sono ombre né luoghi occulti ed anche perché i corpi sono immersi nella luce. Le braccia e le mani generalmente sono coperte dai vestiti, quando appaiono hanno tre dita unite, che rappresentano la Trinità, le due restanti (se si tratta di Cristo) indicano che lui è la seconda persona della Trinità. Se la

---

[2] Strana questa osservazione, poiché in genere il mento dei volti delle icone appare sfuggente, in segno di "sapienza" (nota redazionale).

figura femminile ha le braccia scoperte significa che sta al servizio della figura principale dell'icona.

La posizione delle mani e delle dita hanno significati specifici. Le dita sono sempre affilate e lunghe, dato che sono dei cavi conduttori dell'energia spirituale. In esse si radica il potere, dato che con l'indice si segnala, s'indica, si ordina. Nella Madonna della Passione le dita della mano sinistra sono unite e indicando il bambino Gesù, stanno a significare le parole del vangelo "Io sono la via, la verità e la vita", mentre della sua mano destra si vedono solo quattro dita che puntano verso l'alto e dirette verso il bambino, indicando che i quattro vangeli sono le sue parole. Se le mani mostrano le palme significano supplica, preghiera.

Il paesaggio: non ha proporzione con le immagini centrali ed è rappresentato come una semplice decorazione. Le montagne non hanno vegetazione alcuna e appaiono come un'accumulazione disordinata di rocce, sfidando la legge della gravitazione. Alberi ed arbusti sono piccoli e di scarsa fronda. Anche le case e gli edifici non hanno proporzioni col resto della pittura, le porte e le finestre sono collocate a caso. Gli interni sembrano tendine o tappeti decorati con diversi disegni. Tutto ciò significa che le cose terrene non hanno nessun ordine e quindi sono effimere.

I nomi dei personaggi sono scritti in caratteri cirillici o greci (secondo il luogo di provenienza), su fondo d'oro, al lato delle immagini. L'immagine di Cristo è sempre accompagnata dalle lettere IC XC (abbreviazione del suo nome); al Pantocrator si aggiungono le lettere greche OWN (che significa "Io sono colui che sono"). Se si tratta della Madonna si aggiungono MP OY (madre di Dio).

Come si può costatare le icone non sono realmente pitture, ma oggetti liturgici. La loro profonda simbologia ripete le Sacre Scritture che gli iconografi interpretano letteralmente, applicando i manuali che per loro scrissero i padri della Chiesa.

Manuel Vega

(Infatti non furono mai considerate opere d'arte, ma immagini popolari come i nostri "santini". Solo col Romanticismo, con l'esaltazione del folclorismo, furono considerate opere pregevoli, culturali, ma non esteticamente valide per le ragioni suddette).

G.N.

II

Bada che io sono ateo e quindi indifferente alla religione, anzi ostile, però non posso non accettare l'idea che l'iconografia bizantina avesse qualcosa di più intenso da trasmettere del realismo giottesco.

Che questa intensità fosse legata alla religione e non ad altro di umano, per me è molto relativo. M'interessa proprio il modo di considerare il volto ieratico, con gli occhi fissi, grandi, lo sguardo serio, misterioso, che ti scruta, ti osserva, ti parla, con quella fronte spaziosa, il naso allungato, la bocca piccola e il mento sfuggente e quelle mani affusolate dalle dita lunghe, la posizione fisica dei personaggi, dignitosa, anzi maestosa, anche quando sono di origini o condizioni umili...

Tutto ciò nel realismo giottesco non c'è. I personaggi sono borghesi anche quando vengono trattati in maniera religiosa, gli aspetti umani sono formali, convenzionali... Vengono anzi descritti troppo, con quelle esagerazioni dolorifiche, per essere percepiti con quel che di misterioso, di trascendente, di allusivo ad altro che hanno le immagini bizantine e anche russe.

E poi nel realismo giottesco, ma la cosa si vedrà meglio dopo (p.es. con Masaccio), la figura appartiene a uno spazio che la schiaccia, la comprime; la prospettiva fisica e architettonica ha tolto di mezzo l'interiorità spirituale; tutto s'è trasformato in un'illusione di perfezione ottica, geometrica e l'umanità, che è mutevole, ambigua, più profonda di qualunque profondità spaziale, ha perduto di significato, s'è banalizzata.

Se si voleva fare un'operazione artistica innovativa, rispetto ai canoni bizantini, bisognava recuperare quei valori spirituali epurandoli dei loro riferimenti religiosi, perché non è possibile che sia la religione a dare la spiritualità all'umano: l'umano è spirituale in sé, solo che in certe culture s'è espresso in forma religiosa.

Invece Giotto ha voluto eliminare la spiritualità restando dentro un canone religioso, che però alla fine s'è rivelato del tutto formale, come è appunto formale il cristianesimo borghese, che prima è *borghese* (e Giotto lo era profondamente) e poi *cristiano*. Anche per gli iconografi esisteva un canone estetico, imposto dai Padri della chiesa, di cui parla il Concilio niceno II, ma essi vi si riconoscevano pienamente: la loro libertà di creazione era possibile all'interno di una precisa tradizione, come è giusto che sia quando si appartiene a un organo collettivo, che ha responsabilità nei confronti dei propri aderenti.

E poi devi considerare che l'arte bizantina è strettamente legata a una tradizione consolidata, a una storia di popolo (per quanto religiosa fosse); invece quella giottesca è individualistica, si oppone alla tradizione ecclesiale ed artistica... È anzi una forma di rivoluzione protestante *ante litteram*, poiché con Giotto la chiesa romana (che già s'era separata da quella ortodossa ufficialmente nel 1054) si stacca da quella bizantina anche negli ultimi aspetti comuni rimasti, appunto quelli estetici. E inizia l'avventura del cristianesimo borghese, già sviluppato nei Comuni, nelle Signorie, nei Principati italiani, qui prima che altrove in Europa. Il protestantesimo in realtà è nato in Italia, col distacco irreversibile dalle tradizioni ortodosse-bizantine.

L'arte per l'arte per me non ha alcun senso, esprime solo il senso dell'individuo singolo, che non è testimonianza di alcunché che non sia la sua personale intelligenza, sensibilità ecc.

Questa forma di arte non è per il popolo, non è pedagogica, non riflette istanze sociali, anzi in definitiva è una forma di alienazione, in quanto eredita una separazione tra teoria e prassi, tra città e campagna, tra attività manuale e intellettuale, tra valore d'uso e di scambio ecc.

E.G.

III

E.G.) Bada che io sono ateo e quindi indifferente alla religione...

G.N.) D'accordo, questo era sottinteso. Del resto sono anche d'accordo che l'iconografia bizantina trasmetteva "qualcosa di più intenso che il realismo giottesco". Ma era una pittura obbligata dalla chiesa fin nei minimi dettagli, infatti non solo le icone non erano considerate opere d'arte, ma i pittori erano iconografi e non artisti. Tu hai ragione dal punto di vista dell'effetto che riceve lo spettatore ed è precisamente quello che la chiesa voleva o pretendeva (infatti le icone si potrebbero annoverare tra le immagini chiamate "la bibbia dei poveri" della tradizione medioevale), ma non dal punto di vista artistico né da quello socio-politico dell'epoca giottesca, nella quale il teocentrismo stava a poco a poco perdendo la sua forza e si stava imponendo l'antropocentrismo.

E.G.) Che questa intensità fosse legata alla religione e non ad altro di umano, per me è molto relativo.

G.N.) Dal punto di vista critico, e in prospettiva storica hai ragione, ma da Giotto in poi si parla con un altro "linguaggio" (che perdurerà perlomeno fino a "Le signorine d'Avignone" di Picasso, o chissà fino a Kandinsky e a Mondrian).

E.G.) M'interessa proprio il modo di considerare il volto ieratico...

G.N.) Anche qui non hai torto, ma l'epoca che dette vita a Giotto era diversa, e diverse le opere, le manifestazioni, i risultati.

E.G.) ... nel realismo giottesco, ma la cosa si vedrà meglio dopo (p.es. con Masaccio), la figura appartiene a uno spazio che la schiaccia...

G.N.) Io direi che s'è umanizzata, riappare la natura, anche se schematica e in una prospettiva incipiente, quasi come un telone in secondo piano, ma le persone sono esseri umani, riappaiono i sentimenti nei loro volti, espressioni, gesti.

E.G.) Se si voleva fare un'operazione artistica innovativa...

G.N.) Anche qui forse non hai torto, dal tuo punto di vista. Ma la storia dell'arte è quella che è, e non quella che sarebbe stata o avrebbe dovuto essere.

E.G.) Invece Giotto ha voluto eliminare la spiritualità...

G.N.) In tal caso la "colpa" non è di Giotto, ma dell'epoca nella quale nacque e visse. Credo che la critica debba registrare e giudicare le persone e i fatti di un'epoca nel contesto specifico ed esclusivo dell'epoca analizzata.

E.G.) E poi devi considerare che l'arte bizantina è strettamente legata a una tradizione consolidata...

G.N.) Ma non a quella classica greca, alla quale seguì la ellenistica greco-romana. E neppure, in linea generale, a quella gotica che veniva dalla Francia.

E.G.) ... anzi una forma di rivoluzione protestante *ante litteram*...

G.N.) Analizzare e approfondire questo punto sarebbe oltremodo interessante e importante.

E.G.) L'arte per l'arte per me non ha alcun senso...

G.N.) Non difendo l'arte per l'arte (concetto sbagliato), l'ho semplicemente citato come dato storico.

E.G.) Questa forma di arte non è per il popolo...

G.N.) L'arte folcloristica è stata sempre una imitazione artigianale, salvo rarissime eccezioni, dell'arte colta.

E.G.) ... eredita una separazione ... tra attività manuale e intellettuale, tra valore d'uso e di scambio ecc.

G.N.) Il popolo non comprenderà mai i valori estetici d'un'opera d'arte. Credere il contrario fu anche uno degli errori del comunismo, nazismo, fascismo e dittature varie, ed anche un errore iniziale del manifesto di quello che qui chiamano il "Muralismo mexicano". Errore riconosciuto più tardi anche dallo stesso Orozco, uno, e forse il più importante, dei firmatari dello stesso manifesto.

G.N.

IV

G.N.) Del resto sono anche d'accordo che l'iconografia bizantina trasmetteva "qualcosa di più intenso che il realismo giottesco"...

E.G.) Prima di iniziare una discussione bisogna precisare il significato delle parole, ma se la gente facesse così non ci sarebbe nessuna discussione, perché si starebbe infinitamente a discutere su questi significati.

Questo è appunto indice del fatto che non essendoci una tradizione comune, condivisa, ognuno dà alle parole le interpretazioni che crede e quando si discute si spera sempre che l'altro riesca a capire, ma anche se non capisce, non ce ne facciamo un dramma, proprio perché non si ha più una tradizione comune da difendere, da far rispettare: ognuno marcia per conto proprio, a seconda dei propri interessi... E alla fine prevalgono i significati che la classe dominante ha saputo imporre su tutti gli altri.

È appunto questo quello che è accaduto nel passaggio dalla pittura bizantina a quella giottesca.

Un paese come l'Italia che, primo in Europa, stava abbandonando la tradizione ecclesiale comune ad oriente ed occidente, prima in nome del potere temporale pontificio, poi in nome dei commerci mediterranei, e ad un certo punto in nome delle crociate che, col pretesto di liberare la Palestina, finirono col saccheggiare tutto il Vicino Oriente, devastando lo stesso Impero bizantino, dunque un paese come il nostro come avrebbe potuto proseguire la tradizione bizantina, la cui influenza si fece sentire in tutta l'Europa altomedievale?

Che significa "pittura obbligata"? Gli iconografi appartenevano a una tradizione che condividevano nei suoi ideali di fondo, erano persone che prima di fare gli artisti avevano messo in pratica nella loro vita personale quegli ideali.

Giotto aveva per soggetto temi religiosi, ma nella sua vita pratica era un borghese, anzi uno sfruttatore della peggior risma e perfino un usuraio. La religione gli serviva solo per fare quattrini. Giotto seppe diventare il primo grande imprenditore della pittura.

Lo troviamo conteso da una committenza facoltosa e illustre, come nessuno prima: oltre ai Francescani, alleati della borghesia delle città, e ai grandi finanzieri, lo vollero papi e alti prelati, il Comune di Firenze, le corti più brillanti; una committenza disposta a forti investimenti, decisa a lasciare il segno. Prendiamo Enrico Scrovegni, il banchiere di Padova: per salvare l'anima del padre, che Dante aveva precipitato all'Inferno per usura, fonda e fa affrescare da Giotto una cappella così sontuosa che i frati della vicina chiesa degli Eremitani, temendo la concorrenza, lo accusano di cercare "pompa, vanagloria e guadagno più della lode di Dio"; per di più, vi si fa ritrarre tre volte: da Giotto nel *Giudizio Universale*, e poi in preghiera, in una statua in piedi, e, giacente, sulla tomba. E non è stato certo un caso che tra i Vizi dipinti nella cappella manchi l'Avarizia.

Per soddisfare una tale clientela, il "cervello più efficiente della pittura italiana" mise in piedi una macchina produttiva in grado di assicurare un'offerta duttile e impeccabile: decine di metri quadri di eccelsa pittura murale, mosaici, curatissime tavole di varie forme e dimensioni, disegni per sculture e architetture.

A Firenze Giotto è proprietario di immobili e terreni, acquista, vende, affitta campi e case; garantisce prestiti, intesta un podere alla figlia Bice e dota più che decorosamente Chiara; litiga con un notaio per certi appezzamenti, nomina procuratori per riscuotere crediti, arrotonda affittando telai a poveri tessitori, a tassi del 120%.

Nel 1328, sessantenne, si trasferisce a Napoli, e il re lo tratta come un ospite di molto riguardo. Non l'avrà reso "il primo uomo di Napoli" (Vasari), ma gli dà "protezione... onori... privilegi", vitto e alloggio come a un "familiaris" e, nella speranza di tenerselo per sempre, una pensione annua.

Nelle raccolte di poesia trecentesca c'è una canzone, *Molti son quei che lodan povertade*, attribuita a Giotto, in cui egli non fa mistero di aborrire la povertà.

Ma con questo cosa voglio dirti? Che l'Italia non doveva abbandonare la tradizione bizantina? Certo che doveva farlo, ma il modo borghese di farlo (realistico in pittura) per me non costituisce affatto un superamento degli ideali che sosteneva quella pittura millenaria.

Cioè - e qui veniamo al punto - per me non può esserci superamento di una tradizione condivisa quando quella che si vuol porre in alternativa è in realtà solo il genio dell'artista. Nessun talento individuale può giustificare il superamento di una tradizione popolare.

Non c'è mortificazione quando ci si sente legati a una tradizione comune, anzi l'artista, convinto del valore di questa sua tradizione, farà di tutto per rispettarla sino in fondo, soprattutto nei suoi canoni fondamentali, mettendo del suo solo negli aspetti marginali o comunque solo in quelli che non costituiscono una minaccia a ciò che è stato acquisito nell'arco di secoli.

Un iconografo rispetta la tradizione proprio perché ha *il senso della storia*, come i contadini rispettavano i loro padri. Giotto e tutta la pittura moderna hanno soltanto il senso di se stessi, della loro solitudine e alienazione o, se si preferisce, dei loro affari commerciali.

Certo, m'incanto a guardare Van Gogh, ma se avessi in casa tutti Van Gogh mi sentirei a disagio, perché i suoi quadri mettono ansia, sembrano dipinti come se nell'ambiente in cui sono maturati ci fosse stata, continuamente, una minaccia incombente, come se l'artista avesse sulla testa la spada di Damocle. I ragionamenti di un folle ti incuriosiscono, puoi anche considerarli paradossalmente veri, ma poi ti stancano, perché troppo egocentrici.

Tutta la pittura occidentale è egocentrica. Anche quando non è figurativa.

Perché dunque dici che un iconografo non era un "pittore"? Un'icona è un'opera d'arte già nel momento in cui si deve preparare il legno su cui fare il dipinto. Se un iconografo non sapeva dipingere la trasfigurazione, era meglio per lui cambiare mestiere. Dipingere per lui era come pregare e doveva farlo a digiuno. Le sue opere furono così odiate dai cristiani influenzati dall'ebraismo e dall'islam che per alcuni secoli l'arte divenne una questione di alta politica: ci vollero due secoli prima che si capisse la differenza tra "adorare" e "venerare". Il volto della sindone, che pur s'intravedeva appena, fu considerato il prototipo di tutti i volti dipinti del Cristo.

Mi sai spiegare il motivo per cui non dobbiamo considerare "arte" l'iconografia russa che proprio nel momento in cui in Italia s'affermava la pittura rinascimentale, produceva con Rublev delle opere che oggi vengono unanimemente considerate ai vertici della pittura mondiale di tutti i tempi?

G.N.) Dal punto di vista critico, e in prospettiva storica hai ragione, ma da Giotto in poi si parla con un altro "linguaggio"...

E.G.) È proprio questo il punto! Noi occidentali abbiamo accettato un diverso registro estetico con una superficialità disarmante. E in nome di questo abbiamo detto che quanto era diverso andava considerato superato o non era artistico, era superficiale, piatto (la bidimensionalità delle icone, che poi col tempo i critici hanno capito essere più profonda della nostra tridimensionalità geometrico-matematica, hanno cioè capito che la profondità è un concetto dello spirito e non della materia).

Quante volte abbiamo letto nei manuali scolastici che le icone erano banali, statiche, fisse, vuote, convenzionali, formali... Quanti aggettivi insulsi da parte di Argan (su cui ho studiato io), De Vecchi (su cui ha studiato mia figlia), ma anche Zeri, Sgarbi...

Hai citato il famoso quadro di Picasso: proprio quello mi dice che i canoni occidentali portano a un vicolo cieco, alla fine dell'arte e della pittura in particolare.

Senza volerlo (e comunque grazie all'arte africana) Picasso aveva riscoperto qualcosa che era stato eliminato nel corso di secoli, solo che non avendo alcuna tradizione alle spalle, la riscoperta è stata per così dire al negativo. Picasso fece sua una tradizione (quella africana) in maniera del tutto formale, servendosene per distruggere definitivamente i canoni occidentali e in realtà riproducendone altri (la scomposizione assoluta della figura) che poi porteranno all'assenza totale di qualsiasi figura umana come nell'astrattismo di Kandinsky, che è un'operazione del tutto intellettuale.

Anche la pittura bizantina prese le mosse dall'arte parietale egizia del tempo dei faraoni, ma qui lo sviluppo fu enormemente positivo e proprio perché non ci fu un individuo singolo dietro o una piccola corrente di artisti, ma un intero movimento storico di persone impegnate intorno a ideali di vita.

G.N.) Io direi che s'è umanizzata, riappare la natura...

E.G.) Qui vorrei fare un discorso a parte che però ci porterebbe molto lontano. Noi occidentali tendiamo a equiparare forma a contenuto. Poiché siamo poveri di contenuto, non riusciamo a capire quei contenuti che non abbiano una forma corrispondente.

P.es. se in una situazione drammatica uno resta freddo, diciamo che è cinico, se invece si commuove, diciamo che è umano. L'esterno per noi coincide con l'interno.

Quando non coincidono è perché secondo noi c'è inganno. P.es. un politico, un commerciante... sono persone che ingannano, in quanto il loro aspetto esterno appare positivo (sono educati, sorridenti ecc.), mentre quello interno è negativo (fazioso, ideologico, legato all'interesse privato, al profitto ecc.).

Molto raramente riusciamo a vedere un interno positivo quando l'esterno non gli corrisponde. P.es. un contadino o un montanaro, che è rozzo nei modi di fare, viene giudicato rozzo anche dentro, con sentimenti elementari, un'umanità quasi primitiva.

Se noti, nella pittura è successo la stessa cosa: il volto bizantino che ti guarda con quegli occhi grandi è stato giudicato freddo, vuoto, inespressivo; invece le donne che piangono ai piedi della croce sono altamente espressive. Il Cristo impassibile sulla croce è per noi del tutto incomprensibile (anche se di fatto esprime la teologia giovannea), meglio dunque metterne uno che soffre da morire, che si contorce e spasima. Insomma siamo molto limitati...

G.N.) ... Ma la storia dell'arte è quella che è, e non quella che sarebbe stata o avrebbe dovuto essere.

E.G.) È vero, la storia non si fa coi se e i ma, eppure esistono anche i se e i ma, e se ci abituassimo di più a ragionare coi se e i ma, forse nel momento in cui si deve scegliere saremmo più ponderati e faremmo meno errori, perché se noti gli errori sono dovuti proprio al fatto che vengono sempre compiute scelte unilaterali.

Se accettiamo Giotto come alternativa unica al mondo bizantino, noi alla fine dovremmo ammettere che il feudalesimo non poteva evolvere che verso il capitalismo. Ma questo contraddice tante realtà geografiche che invece hanno saltato la fase del capitalismo e sono passate dal feudalesimo al socialismo (Russia, Cina ecc.). Il fatto che poi oggi queste realtà abbiamo introdotto elementi di capitalismo nei loro sistemi, non significa che il capitalismo in queste realtà abbia un peso così rilevante come da noi, che ne siamo determinati dalla culla alla tomba.

G.N.) In tal caso la "colpa" non è di Giotto, ma dell'epoca nella quale nacque e visse.

E.G.) Sì anch'io penso che se non fosse nato Giotto, prima o poi ne sarebbe nato un altro. In fondo siamo tutti figli del nostro tempo. Magari non sarebbe nato in Italia ma nelle Fiandre o nelle città della Lega Anseatica, cioè là dove più forte erano i commerci nel tardo Medioevo.

E tuttavia questo non toglie che qualcuno debba assumersi le colpe del proprio tempo e che, nel farlo, lo faccia liberamente. Giotto era discepolo di Cimabue, che tutto sommato rispettava i canoni bizantini. I volti di s. Francesco dipinti alla maniera bizantina, prima della svolta giottesca, per me sono più intensi di quelli dipinti da lui.

G.N.) Credo che la critica debba registrare e giudicare le persone e i fatti di una epoca nel contesto specifico...

E.G.) Vuoi che ti dica il motivo secondo cui per me la chiesa romana ci mise così tanti secoli prima di rompere con la tradizione iconografica bizantina, visto che con essa aveva già rotto sul piano politico nell'800 con l'incoronazione di Carlo Magno e ideologico con la questione del *Filioque* nel Credo e che sanzionò definitivamente tutte le altre sue deviazioni con la rottura del 1054?

Il motivo è che in ambito religioso si considerava l'arte bizantina un modello insuperabile, cioè talmente bello e affascinante da non poter essere sostituito con alcunché. Il popolo era legato a questa tradizione come non mai. I testi di teologia si potevano modificare a uso e consumo della chiesa romana, perché in fondo solo gli intellettuali li leggevano, ma per questa tradizione occorreva una soluzione molto più convincente.

E la soluzione fu trovata in ambito urbano, tra la classe borghese, che s'era imposta su quella contadina e che stava cercando d'imporsi anche su quella aristocratica, laica ed ecclesiastica. Ci volle un'emancipazione in direzione dell'ambiguo ateismo borghese, che mentre sul piano formale resta religioso, sul piano sostanziale è agnostico. Un'ambiguità dovuta al fatto che gli interessi della borghesia non possono coincidere con quelli di tutto il popolo.

G.N.) Il popolo non comprenderà mai i valori estetici d'un'opera d'arte...

E.G.) Sono le dittature che non credono nel valore estetico e culturale delle opere d'arte. Infatti cercano sempre di imporre dei criteri uniformi agli artisti. Non avendo tradizioni di popolo, pensano di poterle creare con la forza.

E.G.

V

E.G.) Dunque che significa "pittura obbligata"? Gli iconografi appartenevano a una tradizione che condividevano nei suoi ideali di fondo...

G.N.) Questo in realtà non lo sappiamo, sia perché ci troviamo in epoche di regimi dispotici teocentristici, sia perché bisogna ricordare che uno dei pittori più apparentemente religiosi - se lo giudichiamo dalle sue pitture - del nostro Rinascimento fu il Perugino, che era ateo.

E.G.) Giotto aveva per soggetto temi religiosi, ma nella sua vita pratica era un borghese, anzi uno sfruttatore: era capo di una bottega vastissima, con molti esecutori al suo servizio, aveva case a Firenze e in campagna, persino telai per la tessitura affittati a poveri a prezzi non certo di favore. Voleva che il suo nome risuonasse seguito dall'attributo di "proprietario". Eppure di questi aspetti nulla si dice quando si esalta - come p.es. fa Sgarbi - la sua pittura "umanistica", la sua "immanenza" che finalmente ha messo al centro dell'attenzione la "condizione umana". Perché non dire che tutto questo "umanesimo" altro non era che quello di una specifica classe sociale? Giotto ha inventato la prima vera illusione della forma e dello spazio, al servizio di una fantasia inesauribile, ma bisogna dire che i maggiori successi li ha ottenuti sulla critica, che spaccia per verità universale solo un'illusione particolare.

G.N.) Senza dubbio hai ragione, ma trattandosi di un grande artista ciò che importa alla critica non è il personaggio Giotto come uomo, ma l'importanza e la trascendenza della sua opera. Nessuno si preoccupa se Michelangelo era avaro e irascibile, ma è giudicato per l'opera che ci ha lasciato. Nessuno si preoccupa realmente se Omero esistette o meno, se fu lui (o altri) il primo che narrò il nucleo principale della storia-leggenda degli Achei; l'importanza per gli antichi greci (e per noi) è quella di aver l'Iliade e l'Odissea.

E.G.) Ma con questo cosa voglio dirti? Che l'Italia non doveva abbandonare la tradizione bizantina? Certo che doveva farlo, ma il modo borghese di farlo...

G.N.) L'artista è figlio della sua epoca, del cambiamento sociale in cui vive o che sente avvicinarsi e preannuncia. Io interpreto le tue parole nel senso che fu Giotto, e solo lui, che per genialità o capriccio o interesse personale cambiò la pittura e tutti gli altri furono costretti ad accettare il mutamento da lui imposto contro la loro volontà, gusto o desiderio. A parte il fatto che l'arte non cambia mai radicalmente ma per gradi, infatti Giotto ebbe i suoi precursori che cominciarono a demolire, o a cambiare, a poco a poco l'arte bizantina, quindi lui continuò il cammino, in maniera più evidente, poi la prima generazione di pittori rinascimentali completò e perfezionò la transizione.

Se Giotto lo riuscì a fare, e lo fece in quel modo, fu perché la società in fondo lo voleva e lo voleva (consapevolmente o inconsapevolmente) in quel modo. Affermare che fu Giotto che cambiò la mentalità, il gusto e l'indirizzo culturale di tutta un'epoca, e delle epoche seguenti, significherebbe aumentare l'importanza e il merito dello stesso Giotto fino al parossismo; ora nessun critico si è mai azzardato di esprimere tali concetti, dato che la storia non ha mai registrato l'esistenza di artisti, per quanto geniali, che abbiano preteso e siano riusciti a cambiar la cultura, la mentalità e il gusto d'un'epoca. Nel nostro caso è successo l'inverso, ma vi sono anche stati casi in cui artisti rivoluzionari, col passar degli anni, sono ritornati al punto dal quale erano partiti, ad un'arte che già era considerata retrograda e "passatista", come dicevano i futuristi.

Io credo che ci siano due tipi di grandi artisti: quelli che non apportano niente di nuovo, nel senso rivoluzionario, ma portano alla perfezione ciò che trovano, mentre altri anticipano i tempi, apportano soluzioni nuove, rivoluzionarie, perché lo sentono, ma a volte anche senza sentirlo, lo captano per pura intuizione.

E.G.) ... per me non può esserci superamento di una tradizione condivisa quando quella che si vuol porre in alternativa è in realtà solo il genio dell'artista...

G.N.) Come spiegheresti il passaggio dall'arte greco-arcaica a quella classica, se non grazie al genio di Fidia, Mirone ed altri, grazie al clima democratico, risultato delle nuove idee social-politiche e filosofiche?

E.G.) Non c'è mortificazione quando ci si sente legati a una tradizione comune, anzi l'artista convinto del valore di questa tradizione farà di tutto per rispettarla...

G.N.) Qui non andiamo d'accordo. L'artista non è, o non può essere soltanto, un portavoce della tradizione. La libertà creativa dell'artista va molto più in là. Se non fosse così, l'arte si sarebbe fermata al realismo dell'epoca rupestre.

E.G.) Un iconografo rispetta la tradizione proprio perché ha il senso della storia...

G.N.) Mettiamo pure che sia così: non viviamo forse in un'epoca di solitudine e disperazione, di macchine e computer, di egoismi, del dio dollaro, di milioni di persone che muoiono di fame o assassinate? È "Il grido" di Munch! La tradizione se ne è andata al diavolo.

E.G.) Certo, m'incanto a guardare Van Gogh, ma se avessi in casa tutti Van Gogh mi sentirei a disagio, perché i suoi quadri mettono ansia...

G.N.) Hai ragione, ma è anche parte essenziale della nostra cultura e tradizione culturale; da van Gogh sorge l'espressionismo in pittura, in letteratura, nel cinema. Quindi si scatenano le avanguardie del secolo XX, che sfrecciano in varie direzioni sia creando, sia distruggendo, sia ritornando al caos iniziale per ricominciare dal nulla a percorrere nuovi cammini. È il "secolo maledetto" in cui ci toccò vivere, Che cosa ci vuoi fare?

E.G.) Perché dunque dici che un iconografo non era un "pittore"?

G.N.) Non lo dico io; è la critica accettata attualmente ad affermare che non era un pittore (artista), ma un artigiano. L'artigiano sa dipingere, ma non crea nulla che non sia stato già fatto, il suo lavoro è prestabilito, dettato dall'esigenza del compratore o del mercato. Io do un senso e un significato diverso all'opera d'arte.

E.G.) Un'icona è un'opera d'arte già nel momento in cui si deve preparare il legno su cui fare il dipinto. Se un iconografo non sapeva dipingere la trasfigurazione, era meglio per lui cambiare mestiere.

G.N.) Non credo che si possa generalizzare su questo punto. Inoltre io credo che la tecnica sia solo un mezzo per l'artista, il fine è un altro, mentre per l'artigiano è un mezzo fine a se stesso.

E.G.) Mi sai spiegare il motivo per cui non dobbiamo considerare "arte" l'iconografia russa...

G.N.) A parte il fatto che Rublev visse cent'anni dopo Giotto, ti dirò che non è un giudizio mio (in tal caso avrebbe un valore relativo), forse perché anche l'arte ha i suoi misteri o meglio i suoi feticci. Quello che ti dissi fu che le icone non si considerarono opere d'arte nemmeno tra i russi, ma solo immagini popolari religiose.

Ed oggi non lo sono proprio perché non obbediscono alle norme e considerazioni artistiche accettate, ma obbediscono esclusivamente alle regole tecniche artigianali. Ora che si cerchino, che piacciano, che si collezionino è un'altra faccenda che si deve più alla loro antichità, alla scarsezza di quelle originali ed autentiche e anche, per noi occidentali, alla loro esoticità...

E.G.) ... nella pittura è successo la stessa cosa: il volto bizantino che ti guarda con quegli occhi grandi è stato giudicato freddo, vuoto, inespressivo; invece le donne che piangono ai piedi della croce sono altamente espressive...

G.N.) Anche qui forse non hai torto, dal tuo punto di vista. Ma la storia dell'arte è quella che è, e non quella che sarebbe stata o avrebbe dovuto essere.

E.G.) Se accettiamo Giotto come alternativa unica al mondo bizantino, noi alla fine dovremmo ammettere che il feudalesimo non poteva evolvere che verso il capitalismo...

G.N.) In tal caso la "colpa" non è di Giotto, ma dell'epoca nella quale nacque e visse.

E.G.) E tuttavia questo non toglie che qualcuno debba assumersi le colpe del proprio tempo e che, nel farlo, lo faccia liberamente...

G.N.) Credo che la critica debba registrare e giudicare le persone e i fatti di un'epoca nel contesto specifico ed esclusivo dell'epoca analizzata.

G.N.

VI

G.N.) Questo in realtà non lo sappiamo, sia perché ci troviamo in epoche di regimi dispotici teocentristici...

E.G.) Gli iconografi dipingevano una tradizione che condividevano, e questa tradizione io non mi sentirei affatto di dire ch'era più dispotica di quelle odierne occidentali, solo perché quella era teocentrista mentre le nostre sono democratiche. Se c'è un concetto incredibilmente ambiguo è proprio quello di "democrazia", che non a caso è nato in un paese, la Grecia, i cui filosofi non mettevano assolutamente in discussione i rapporti schiavistici, esattamente come oggi non mettiamo in discussione quelli basati sul salariato.

G.N.) ... trattandosi di un grande artista ciò che importa alla critica non è il personaggio Giotto come uomo, ma l'importanza e la trascendenza della sua opera...

E.G.) Anche questo modo di vedere le cose è occidentale e io non riesco più ad accettare l'idea che in nome della genialità di un artista si debba soprassedere sulla sua vita personale. Il fatto che un artista abbia vissuto una vita da folle dovrebbe farmi riflettere sull'effettiva utilità sociale della sua opera. Se devo scegliere tra un artista che ha saputo esprimere magnificamente la sua alienazione e un artigiano che ha saputo esprimere con meno talento le esigenze del popolo, i suoi sentimenti... preferisco senza dubbio quest'ultimo.

Che cos'è un'opera d'arte? Quale funzione deve avere? Se non fossimo condizionati dall'individualismo borghese noi dovremmo dire che un artista non è una persona "libera" in quanto monade isolata (alla Robinson), ma lo è in quanto consapevole dei condizionamenti della sua epoca, che non sono solo condizionamenti ma anche limiti entro cui vivere un'esistenza umana, le cui condizioni sono state tramandate dalle generazioni passate.

Oggi non viviamo più un'esistenza umana proprio perché non c'è più alcuna tradizione cui fare riferimento. Dunque per noi libertà vuol dire esprimersi liberamente, secondo la propria coscienza, che in realtà è il proprio arbitrio, che in realtà è l'illusione del proprio arbitrio, in quanto in realtà noi ci esprimiamo sulla base dei rapporti di forze dominanti. Il concetto stesso di "forza" indica un arbitrio. L'artista moderno dunque s'illude d'essere libero in un contesto in cui domina una determinata forza, quella della classe che governa.

Tutta la storia dell'occidente ha come tradizione quella della lotta tra classi opposte. L'artista deve continuamente tener conto di questa realtà.

Ebbene, secondo me, le contraddizioni sociali dell'area bizantina erano di molto inferiori a quelle coeve del sacro impero romano-germanico, sicché l'iconografo orientale si trovava a condividere più facilmente una tradizione di ideali religiosi, mentre quello occidentale ha cominciato a venir meno a questa realtà di condivisione proprio in concomitanza allo sviluppo del potere temporale pontificio e, in maniera decisiva, con la nascita dei rapporti borghesi, che sono una conseguenza indiretta dello sviluppo di quel potere.

Con la nascita del potere temporale clericale s'è imposto in Europa occidentale il principio dell'individualismo (politico), che poi, col protestantesimo e la borghesia, s'è sviluppato a livello sociale e, sul piano geografico, ha trovato la sua massima espressione negli Stati Uniti, in cui il protestantesimo ha potuto svilupparsi senza le remore del cattolicesimo.

G.N.) Io interpreto le tue parole nel senso che fu Giotto, e solo lui, che per genialità o capriccio o interesse personale cambiò la pittura...

E.G.) Lungi da me sostenere una cosa del genere. Giotto interpretò magnificamente il suo tempo di transizione dalla tradizione bizantina a quella moderna, che era ed è ancora oggi umanistico-borghese, e se non ci fosse stato lui ce ne sarebbe stato un altro. Lo stesso potremmo dire di chiunque: sono le forze della storia che s'impongono...

Tuttavia mi guardo anche bene dal sostenere - come fa il marxismo - che queste forze siano una necessità naturale, che s'impone a prescindere dalla libertà dei soggetti. Non esiste alcun meccanismo naturale che ci porta di necessità a vivere un'esistenza umana o disumana. Diciamo che ci sono tendenze che vanno favorite o contrastate e che in questo lavoro di scelta in un senso o nell'altro si gioca la libertà umana. Ecco in tal senso Giotto esprime secondo me l'artista che ha scelto consapevolmente di mettersi a favore di una tendenza antipopolare, come è antipopolare (nella fattispecie anticontadina) qualunque scelta borghese.

Che poi dalle scelte compiute derivino necessariamente alcune conseguenze, questo è evidente, tant'è che, una volta partito il realismo giottesco, praticamente non s'è più riusciti a tornare indietro.

G.N.) Io credo che ci siano due tipi di grandi artisti: quelli che non apportano niente di nuovo, nel senso rivoluzionario, ma portano alla perfezione ciò che trovano, mentre altri anticipano i tempi, apportano soluzioni nuove, rivoluzionarie, perché lo sentono, ma a volte anche senza sentirlo, lo captano per pura intuizione.

E.G.) Che cosa vuol dire "rivoluzionario"? È più rivoluzionario modificare l'esistente o conservarlo? Se l'esistente è umano perché modificarlo? Perché devo dire che non sono rivoluzionario quando voglio conservare un esistente che mi soddisfa? Perché devo considerare "rivoluzionario" uno come Giotto, che ha distrutto una tradizione secondo me più "umanistica" della sua, che è "borghese", e considerare Teofane il Greco un conservatore? Le sue Madonne della Tenerezza hanno una carica emotiva che non ho mai trovato in nessun dipinto religioso occidentale.

Noi occidentali abbiamo usato volentieri la parola "rivoluzione" per emanciparci dalla religione, dal medioevo ecc., salvo smentirci quando lo stesso concetto il marxismo lo voleva applicare al socialismo nei confronti del capitalismo.

Anche in Russia è avvenuta una "rivoluzione" quando lo stile occidentale è penetrato nella propria iconografia, e infatti Teofane il Greco, Rublev e Dionigi furono gli ultimi iconografi di grande livello. Poi l'iconografia russa diventò una cosa di una banalità disarmante, di molto inferiore al realismo giottesco.

G.N.) Come spiegheresti il cambiamento dall'arte greco-arcaica a quella classica se non grazie al genio di Fidia, Mirone ed altri, grazie al clima democratico, risultato delle nuove idee social-politiche e filosofiche?

E.G.) Sull'arte greca vorrei dirti una cosa, che avrei già dovuto dirti l'altra volta. Per me è un'arte puramente estetico-intellettuale, è l'apoteosi del concetto di bellezza: uno la guarda e resta ammirato, ma tutto finisce lì. Non c'è trasporto, non c'è vera emozione, non c'è coinvolgimento personale col contenuto dell'opera. Il vero *pathos* poi non me lo dà il marmo, ma il dipinto, non la tridimensionalità ma la sguardo bidimensionale, la cui profondità è spirituale e non geometrico-spaziale.

Gli stessi artisti occidentali, che hanno voluto riprendere i modelli greco-classici (Michelangelo, Bernini...), non hanno potuto farlo con gli stessi occhi ingenui dei greci, ma han dovuto caricare quei modelli di sentimenti, stati d'animo, concezioni di vita molto drammatici, lacerati da un'esperienza cristiana divenuta impossibile, con temi sempre fortemente maschilisti o con sottintesi di tipo erotico, che denunciano appunto uno stile di vita borghese.

G.N.) L'artista non è, o non può essere soltanto, un portavoce della tradizione. La libertà creativa dell'artista va molto più in là. Se fosse così l'arte si sarebbe fermata al realismo dell'epoca rupestre.

E.G.) Il realismo dell'epoca rupestre secondo me è ai vertici dell'arte pre-cristiana. Cioè se devo guardare le cose dal punto di vista del realismo naturalistico, devo dire che l'epoca primitiva (a qualunque latitudine essa si sia espressa) è stata in assoluto la più significativa; se invece voglio guardare il realismo storico-umanistico, io non riesco a trovare ancora oggi qualcosa di superiore all'iconografia bizantina (quella greca in particolare, o quella russa fino a Rublev).

Tu dirai che questo genere di pittura non ha nulla di "realistico". Io invece ti dico che è "realistico" il modo di considerare l'essere umano, che non può essere trattato come un oggetto di natura, cioè non può essere rappresentato come se si stesse guardando un aspetto della natura. I bizantini avevano capito la complessità, la profondità dell'essere umano e quando guardo un'icona riesco a intuire la loro intelligenza, pur non condividendo il messaggio religioso.

Voglio dirti che questa loro capacità oggi vorrei vederla in chiave ateistica, ma non la trovo. L'arte socialista è interessante dal punto di vista politico-sociale (di critica, di denuncia...), ma su quello *umano* è scarsa, non mi dà le stesse emozioni di un'icona. E quella borghese, quando vuole essere umanistica, esprime solo alienazione, lacerazione interiore, arbitrio...

Realismo dovrebbe voler dire "ascoltare la realtà" e non tanto o non in primo luogo se stessi, e interpretare quella realtà in modo intelligibile. La realtà non è mai l'io, ma l'io che si rapporta agli altri e che vede gli altri come parte costitutiva di sé. Il realismo dell'Europa occidentale è stato invece soltanto un'indebita ingerenza del primato dell'io nella percezione della realtà. E oggi la realtà viene rappresentata in maniera così spersonalizzata che praticamente l'io non è più in grado di riconoscersi. L'io ha distrutto la realtà e questa ha ricambiato impedendo all'io di essere se stesso.

G.N.) ... È "Il grido" di Munch! La tradizione se ne è andata al diavolo. È il "secolo maledetto" in cui ci toccò vivere, Che cosa ci vuoi fare?

E.G.) Ormai non faccio più questione di destra e sinistra, di rosso o di nero, per me la questione non è più come uscire dal capitalismo, ma come uscire dall'occidente e dal suo concetto di "civiltà".

In campo artistico la civiltà borghese è nata con Giotto e io non vedo il modo di superare questo tipo di arte né tornando all'iconografia bizantina, che esprimeva valori religiosi in cui oggi non è più possibile credere, né operando variazioni antiborghesi sul tema: l'arte socialista.

Non ci potrà mai essere alcuna alternativa al realismo borghese di Giotto se prima non usciamo dalla civiltà occidentale. Non m'interessa un miglioramento di questa civiltà in nome della razionalizzazione (Stato sociale, Welfare ecc.) di cui parla la sinistra. Dobbiamo rinunciare al concetto di "civiltà".

G.N.) ... le icone non si considerarono opere d'arte nemmeno tra i russi, ma solo immagini popolari religiose.

E.G.) Su questo il discorso si fa davvero complesso. Ho cercato di capire le differenze tra l'iconografia russa e quella greca e sono arrivato alle seguenti conclusioni: l'iconografia greca resta superiore a quella russa, come è superiore secondo me una rappresentazione oggettiva della realtà (inclusa quella umana) rispetto a una soggettiva.

Guardando le icone bizantine appare subito chiaro che il legame con la tradizione cristiana (e se vogliamo anche pre-cristiana) è molto più forte di quello che si può notare nelle icone russe, il cui cristianesimo era molto più recente e quindi meno radicato. Sono andato due settimane in Grecia e all'Aghion Oros per cercare di capire questa cosa.

Il cristianesimo russo è più individualista di quello greco e infatti le migliori icone russe restano più sentimentali di quelle greche. Rublev fu grande perché ebbe come maestro Teofane.

L'iconografia russa, proprio perché più psicologica, ha resistito di meno all'impatto del condizionamento occidentale. E il meglio di sé l'ha dato quando, conclusasi l'esperienza dell'iconografia bizantina, a causa dell'invasione turca, gli iconografi russi, appena liberatisi dal giogo mongolo, si sentivano più liberi di esprimersi tenendo meno in considerazione i canoni che per secoli avevano rispettato. Ma quanto tempo è durata questa innovazione? Come mai un artista come Rublev non è riuscito ad avere alcun seguace?

Qui si ripete, in forma molto più attenuata, quanto era già avvenuto con Giotto: l'individualismo dell'artista, che si sentiva superiore alla tradizione ricevuta, ha inaugurato una pittura che col tempo è diventata di qualità scadente. Con una differenza, che mentre in occidente Giotto aveva dato vita a una tradizione artistica borghese che si perfezionerà ulteriormente in questa direzione; viceversa in Russia, essendo rimasta di religione ortodossa, si cercò un compromesso tra i vecchi canoni bizantini e quelli nuovi occidentali producendo alla fine un vero e proprio obbrobrio.

E.G.

VII

Cercherò di riassumerti brevemente alcuni paragrafi tra i più importanti del pensiero di R. G. Collingwood, però sarebbe meglio che tu ti leggessi il libro completo *Principi dell'Arte*, edito dalla Oxford University Press di Londra. Pubblicò anche un libro sull'interpretazione della storia.

Collingwood afferma che prima di tutto per saper cos'è l'arte bisogna distinguerla da ciò che non è arte, cioè dalla pseudoarte o artigianato.

L'arte è un fine in sé, non può esser mai un mezzo per un fine. Infatti se lo stimolo di certe reazioni nel pubblico fosse l'essenziale e il fine stesso dell'arte, allora l'artista sarebbe uno spacciatore di droghe e l'arte una droga. Inoltre se così fosse, l'arte potrebbe essere insegnata e tutti potrebbero essere artisti applicando le regole che si trovano in un qualsiasi manuale. Artista si nasce, l'artigiano si forma con la pratica.

Inoltre in qualsiasi momento, a contatto con un'opera d'arte, tutti dovrebbero sempre ricevere sensazioni psicologiche, percepire, sentire qualcosa, fruirne: la qual cosa non corrisponde a verità. Non solo è necessaria una conoscenza e una preparazione previa, ma anche una disposizione interiore adeguata. È necessaria una predisposizione che proviene da una intenzionalità cosciente. E si può aggiungere che si deve possedere anche un senso critico, una sensibilità coltivata e affinata, oltre ad ampie conoscenze della storia dell'arte, della traiettoria dell'artista, della corrente alla quale appartiene, dell'ambiente culturale nel quale visse, ecc.

L'arte non è un mezzo per un fine, in tal caso sarebbe pseudoarte o artigianato. Per l'artista la tecnica è solo un mezzo che gli permette di esprimere e concretare la sua idea, il suo punto di vista, le sue interpretazioni genuine. Mentre per l'artigiano la tecnica è un fine verso il quale va diretta e costruita la sua produzione: un fine preparato, studiato, calcolato anticipatamente nei minimi dettagli e realizzato necessariamente seguendo punto per punto la prassi costruttiva che le regole (e/o l'esperienza) lo obbligano a seguire.

Ci sono vari tipi di pseudoarte o artigianato che il volgo confonde con l'arte:

Se l'artefatto ha lo scopo, calcolato e premeditato, di divertire il pubblico e il suo divertimento si esaurisce generalmente al terminare della funzione, si tratta di mero spettacolo. Se invece ha lo scopo di far suscitare emozioni che hanno un valore pratico, che proseguono per un certo tempo, anche quando la funzione o la cerimonia termina, si tratta di magia. (Aggiungo io che le icone potrebbero essere considerate espedienti-artefatti artigianali, o pseudoartistici, magico-religiosi. Collingwood enumera altre forme meno importanti di pseudoarte che si confondono con l'arte).

Ritornando all'arte ci dice ch'essa non consiste solamente e principalmente nel suscitare delle emozioni, perché in tal caso non ci sarebbe differenza alcuna tra l'arte e la droga, e l'artista, in tal caso, sarebbe uno spacciatore di droga.

L'arte è creazione, l'artista esprime certe emozioni, è cosciente di possederle, però non sa realmente di che si tratta, generalmente lui stesso si sorprenderà del risultato ottenuto (che non sarà mai il risultato di una predisposizione o pianificazione previa, esatta), al quale non aveva pensato né calcolato che dovesse terminare in quel modo. (Tra altri anche Picasso lo confessa).

L'artista crea per se stesso e per quelli che lo comprendono. Non può fare a meno di creare, perché per lui è una necessità vitale, una vocazione innata. Non è un mestiere come per l'artigiano. La creazione è la sua maniera di essere, di esprimersi, in un momento determinato, in accordo con determinate e particolari situazioni. L'arte ha qualcosa a che vedere con l'emozione, nel senso che deve poterla suscitare.

Orbene, da dove giungono all'artista queste sensazioni? Cos'è questo *quid* creato dall'artista, raggiunto senza aver trasformato la materia prima data, né aver realizzato un progetto preconcepito? Gli viene da Dio o dalle Muse? Dal subconscio? Dalla sua intelligenza e dal suo saper fare? La prima domanda viene scartata perché antiquata, e anche la seconda, che piace tanto agli psicologi e a Freud; infine anche la terza, perché si tratterebbe di una produzione artigianale, di una pseudoarte.

E allora che cos'è, da dove viene? Dalla *coscienza*: coscienza come fusione tra la ragione e sentimento, però trasformati in termini estetico-artistici.

La qualità e il valore dell'opera dipendono dalla qualità dell'artista che la crea, come la qualità del giudizio critico dipende dalla qualità del critico che lo esprime.

G.N.

VIII

Io e te abbiamo due concezioni opposte dell'arte. Per te l'arte è legata alla creatività geniale innata dell'artista, di cui egli deve prendere consapevolezza, cercando di esprimerla nel migliore dei modi, che possono non essere quelli che il pubblico si aspetta.

Per me arte è ciò che l'artista deve rappresentare, indipendentemente in un certo senso dalla sua particolare creatività. Un artista è tale, per me, solo nella misura in cui nella sua opera sa riflettere un sentimento comune, di una comune tradizione, cioè solo in quanto è capace di porsi in rappresentanza di un sentire popolare.

La tecnica è un aspetto secondario, anche se non marginale, poiché è evidente che maggiore è la padronanza della materia, maggiori sono le possibilità che il sentire comune venga espresso nella maniera più adeguata. Ma su questo voglio essere chiaro: escludo a priori che una maggiore padronanza della materia implichi di per sé, cioè in maniera necessaria, una migliore rappresentazione del sentire comune. Un artista può essere geniale quanto vuole, grandissimo esperto sul piano tecnico, ma se vive in maniera isolata, inevitabilmente le sue opere avranno un'importanza molto relativa (a prescindere dal valore commerciale che possono avere in un mercato borghese).

L'artista deve far parte di una tradizione di popolo, altrimenti non può pretendere d'essere capito. Tu dici che questo è "realismo socialista". Io dico che il "realismo socialista" sbagliò nel voler imporre dei canoni. L'appartenenza a un ideale o a una tradizione deve essere sentita, non può essere imposta, perché quando lo è non c'è alcuna possibilità di creazione libera [3].

---

[3] Realismo vuol dire "ascoltare la realtà", cioè mettersi dal punto di vista dell'umanità dell'uomo, il che non può essere definito una volta per tutte. E neanche due, tre, cento volte, poiché ogni definizione è una negazione. Semplicemente "realismo" vuol dire interpretare la realtà mettendo al centro di questa il rapporto dell'uomo coi propri simili, e con la natura, poiché l'uomo è sostanza sociale e naturale.
L'interpretazione deve essere intelligibile, cioè non può contenere aspetti talmente ambigui o astratti da impedire una qualsivoglia comprensione sufficientemente oggettiva. È evidente infatti che quando c'è di mezzo la libertà umana che agisce nella storia e nei processi di natura, non può esistere un'interpretazione univoca, assoluta, delle azioni umane, dei pensieri umani.
Ogni cosa, azione o pensiero, è soggetta ad ambiguità e quindi a interpretazioni opposte o comunque diversificate, non identiche. Ma è anche vero che un barlu-

D'altra parte non c'è alcuna possibilità di creazione libera neppure se l'artista procede per conto proprio, senza tener conto della realtà. Una produzione artistica del tutto soggettiva sarà arbitraria e quindi inutile ai fini della valorizzazione dell'esistente. O forse tu vuoi considerare artistiche "Le scatolette" di Piero Manzoni o l'orinatoio di Duchamp? Queste son solo delle provocazioni intorno al tema della "morte dell'arte".

Il sistema socialista avrebbe dovuto sapere che di fronte a un'espressione artistica meramente individuale non occorrono direttive di governo, forme di censura, restrizioni amministrative (come d'altra parte fece il nazismo qualificando col termine "degenerata" l'arte non conforme all'ideologia del superuomo). È il popolo stesso che, spontaneamente, rifiuta un'arte che non gli appartiene, che non sente come sua. Con questo ovviamente non voglio dire che sia arte solo un ex-voto...

Se una tradizione è viva, essa saprà comprendere il valore di ogni opera d'arte, sia il valore negativo che quello positivo. Sarebbe una pretesa totalitaria quella d'impedire una manifestazione artistica soggettiva col pretesto ch'essa non è conforme a una tradizione dominante. Un governo o uno Stato che volesse stabilire d'ufficio una determinata tradizione popolare, la violerebbe *ipso facto*.

Le tradizioni popolari devono potersi autorappresentare, cioè decidere autonomamente come devono essere interpretate, anche sul piano artistico. Che poi tu mi venga a dire che tali tradizioni non esistono più (almeno in occidente), che il capitalismo ha posto in essere il valore del singolo (dove il più debole deve stare sottomesso al più forte) e che l'artista non fa che riflettere questo stato di cose, io naturalmente ne prendo

---

me di verità deve esserci nelle interpretazioni, altrimenti il relativismo sarebbe assoluto, il che è un controsenso. Anche il relativismo è relativo, poiché esistono interpretazioni della realtà più oggettive di altre.
Facciamo un esempio. Quando Trotsky diceva che il comunismo in Russia non avrebbe potuto resistere senza una contestuale rivoluzione socialista anche negli altri paesi europei avanzati, aveva torto o ragione rispetto all'idea di Stalin di creare il socialismo in un unico paese? Aveva torto, perché Stalin dimostrò che il socialismo poteva andare avanti anche in presenza del capitalismo delle altre nazioni.
Eppure il socialismo di Stalin è crollato. Dunque aveva ragione Trotsky? Nel momento del dibattito aveva ragione Stalin, ma poiché il socialismo di Stalin fu in realtà una dittatura, la storia sembra aver dato ragione a Trotsky. In realtà Trotsky continua ad aver torto e se il socialismo di Stalin non fosse stato una dittatura, a quest'ora sarebbe ancora in piedi. Anzi, oggi si deve addirittura arrivare a dire che senza il socialismo est-europeo, molto difficilmente l'Europa occidentale riuscirà a realizzarne uno proprio.

atto, perché non posso negare che sia così (anzi, secondo quanto ti ho già scritto, l'individualismo nasce, sul piano politico, con l'affermazione del potere temporale del papato, che ha spezzato la tradizione cristiana dei primi sette concili ecumenici). E tuttavia non posso non aggiungere che questa situazione di fatto va superata, certamente in maniera democratica, ma con ferma convinzione, poiché il percorso finale della produzione artistica borghese è, come già si è verificato con Nietzsche in campo filosofico e col nazifascismo in campo politico, la follia, l'autodistruzione dell'io, che è tale anche quando si vuole ridurre l'arte a una sorta di spot commerciale.

Sotto questo aspetto non capisco il motivo per cui tu consideri "artigianale" l'arte che vuole rispecchiare le tradizioni popolari. Anch'io allora potrei dire che l'arte di Van Gogh o di Michelangelo, essendo del tutto soggettiva, non è arte, ma esercitazione arbitraria di individui che hanno vissuto la loro esistenza odiando il mondo intero. Perché devo considerare "artistica" l'opera di un folle come Ligabue, di un suicida come van Gogh, di un violento come Caravaggio, di un maschilista che nei confronti delle donne aveva un milione di complessi freudiani, come appunto Michelangelo?

Perché vuoi concedere così tanto spazio all'individualismo dell'artista quando tu stesso dici che questo individualismo è frutto di un'alienazione sociale, quella borghese, che lo stesso artista è costretto a subire?

È forse bello ciò che piace? No, secondo me è bello ciò che è bello, e in tal senso sono un hegeliano contro Kant. E, aggiungo, ciò che è bello non può non piacere. Non esiste un canone ufficiale per stabilire la bellezza (anche se comunque penso che la bellezza debba esprimersi in forma armonica), ma se valesse solo la regola soggettiva secondo cui è bello ciò che piace, l'arte non potrebbe comunicare alcunché di veramente significativo e l'artista non si sforzerebbe di rendere la propria arte conforme al sentire comune.

E.G.

IX

Penso che tu convenga con me sul fatto che quanto ci stiamo dicendo non ha nulla in sé di originale, poiché i termini di questo dibattito sono ben noti alla storia della concezione dell'arte di tutti i tempi.

Nella mia vita ho sempre pensato che le discussioni più che a servire a convincere l'interlocutore, sono un'ottima occasione per precisare meglio le proprie posizioni.

Infatti anche quando si usano le parole più neutre, più scientifiche, sotto si cela sempre una determinata concezione di vita, che a sua volta riflette, in qualche modo, l'esperienza di questa stessa vita.

Voglio però metterti in guardia su questo: quando io parlo di "tradizione popolare", di "sentire comune"... lo faccio non perché sia effettivamente impegnato in un'organizzazione sociale o politica, ma semplicemente perché ricordo la mia giovinezza, la mia passata partecipazione alla costruzione di un ideale di vita, e ricordo bene che in quei momenti ci si sentiva molto più vivi che non a studiare sui libri o a fare pagine web, come oggi.

Tuttavia, a differenza di molti miei coetanei, che si sono rassegnati al trend di questo sistema borghese, io non ci sono riuscito e continuo a vivere di speranze, in ricordo del tempo che fu, quelle speranze che oggi attorno a me vengono considerate mere illusioni.

Detto questo, mi guardo bene dal giudicare chi ha percorso strade diverse, chi per così dire "non ha resistito", come d'altra parte difficilmente oggi mi lascerei coinvolgere in esperienze in cui l'elemento giovanilistico avesse la prevalenza.

Ora, quanto fino adesso ti ho scritto debbo dirti che non è farina del mio sacco. La mia concezione dell'arte è "mia" per modo di dire, poiché se ti vai a rileggere i classici del marxismo e del leninismo la ritrovi al 99%. Basta prendere in esame, nelle opere di Plechanov, la parte relativa ai rapporti tra arte e società per rendersene conto.

Io provengo da quella "tradizione letteraria", alla quale ho cercato di aggiungere alcune considerazioni di tipo "umanistico", per evitare il ripetersi degli errori del "socialismo reale"; che sono poi quelle considerazioni relative all'analisi dell'iconografia bizantina.

Ti dico questo perché tu sappia bene con chi stai discutendo. Faccio parte di una specie in via di estinzione, la cui cultura, nell'ambito degli attuali media, ha un impatto vicino allo zero. E non potrebbe essere diversamente, poiché nessuno si mette a parlare di ciò che non si può neppure sognare, soprattutto dopo la caduta del muro di Berlino e l'implosione dell'Urss.

Questo per dirti che quando critico la concezione dell'arte per l'arte, lo faccio a ragion veduta. Se anche tu ti andassi a rileggere qualcosa di Cernyscevski, di Dobroliubov, di Belinski, di Herzen... scopriresti che tutti costoro (assai poco noti in occidente) la pensano allo stesso modo. In Russia è sempre stato molto raro incontrare un artista o un critico d'arte che non volesse dare all'arte una valenza pedagogica o addirittura politica.

Certo, di questa funzione strumentale si sono serviti anche i governi reazionari dello zarismo (come d'altra parte tutti i governi di tutti i paesi del mondo, di ieri e di oggi), però è indubbio che una concezione dell'arte per l'arte è sempre stata considerata molto meno importante di quella dell'arte per la vita.

Inutile dirti che in Europa occidentale, ma penso anche negli Stati Uniti, se qualcuno osasse parlare di arte strumentale, subito verrebbe tacciato di favorire una "Musa di Stato", come al tempo del nazi-fascismo (che poi in realtà tutta l'arte è strumento di qualcosa, anche se non lo si vuole ammettere, come quando si dice che non dobbiamo essere "ideologici", cosa che in realtà non è possibile non esserlo).

Sicché da un lato abbiamo un'arte assolutamente libera di esprimersi come vuole (al castello di Rivoli presso Torino vollero farmi credere che era "arte" anche un cavallo imbalsamato appeso al soffitto di una stanza), e dall'altro una massiccia applicazione del genio artistico alle esigenze commerciali dell'industria.

L'arte da noi è libera, libera di servire il capitale. Un'arte proletaria, per il popolo non ha senso, non troverebbe acquirenti. Da noi la sinistra non riuscì neppure a capire il "Quarto Stato" di Pellizza da Volpedo!

L'arte per l'arte io l'ho sempre considerata come una fuga dalla realtà, come un tentativo, un po' superficiale, di sopravvivere a contraddizioni sociali giudicate irrisolvibili. Questo tipo di arte ha un senso nell'immediato, nel provvisorio, perché in fondo a nessuno dispiace l'idea che - come disse Turghenev - "la Venere di Milo sia meno contestabile dei principi del 1789", e se vuoi posso anche accettare la pop art di Andy Warhol come una forma transitoria di provocazione estetica, ma solo nella consapevolezza che prima o poi bisogna riprendere i temi forti della vita sociale, per il bene stesso dell'arte, altrimenti destinata a vivere nell'effimero.

Questo che ti dico per le arti plastiche vale anche per la poesia e la letteratura in genere. Infatti, quasi tutti i nostri manuali scolastici di letteratura sono impostati sull'arte per l'arte, nel senso ch'essi preferiscono mettere in evidenza non l'artista impegnato civilmente, socialmente, politicamente, ma quello più capace di usare la tecnica del poetare e capace di trasmettere, attraverso questa tecnica, sentimenti umani di tipo psicologico, emotivo, intimistico o interiore, comunque soggettivo, esistenziale...

In questi manuali tutta la letteratura risorgimentale, piena di *pathos* politico, di impegno civile, ha un valore del tutto trascurabile. Ufficialmente il silenzio su questa letteratura è motivato col fatto ch'essa stilisticamente vale infinitamente meno dell'altra.

Ma qui il discorso si fa davvero lungo.

E.G.

X

Io non ho mai detto che fossi favorevole all'arte per l'arte. In ogni modo ti traduco dal mio libro: *Le arti*, questi paragrafi.

Durante il Rinascimento si ebbero delle polemiche accese tra due tendenze, una a favore del contenuto dell'opera d'arte, l'altra a favore degli elementi formali (la tecnica). In ogni modo i termini "Arte per l'arte" e "Arte in funzione sociale", dettero origine a dispute violente che si scatenarono durante il Romanticismo. Si trattò perciò di un fenomeno che apparve in una situazione storica precisa e particolare del secolo XIX, sebbene riapparve, di quando in quando, anche nella prima parte del secolo XX.

In opposizione all'Illuminismo della Rivoluzione francese, durante il Romanticismo nacque la teoria dell'arte per l'arte che prese lo spunto dalla filosofia del disinteresse estetico di Kant e dall'assolutismo estetico dell'Idealismo.

Il romanzo de Téophile Gautier: *Mademoiselle de Maupin* (1835) fu considerato la prima opera del movimento dell'arte por l'arte, e rappresentò la protesta e la negazione dell'artista di produrre merce in un mondo dove tutto era (ed è) merce. In questo modo reagì anche Baudelaire, contro l'utilitarismo volgare e pacchiano, ribellandosi alla moda di considerar l'arte come qualsiasi prodotto commerciale, sebbene fosse cosciente che lo era in realtà, dato che dipendeva dalle leggi dell'offerta e della domanda, e che comunque dava all'artista la possibilità di sussistere come tale.

Gautier, Baudelaire, Leconte de Lisle, Mallarmé ed altri poeti e scrittori crearono allora il movimento Parnassiano, seguito da altri movimenti simili, come il Simbolismo e l'Ermetismo, ai quali aderirono Verlaine, Rimbaud, Huysmanns, Barrés, Pater, Oscar Wilde, Thomas Mann, Stefan George, Nietzsche e d'Annunzio, i quali esaltarono gli elementi formali in funzione della bellezza (e non come si scrive spesso "la forma per la forma"), al margine di ogni dottrina ed utilità pratica, considerando il lato estetico come valore per eccellenza e l'obiettivo ultimo della cultura, al quale dovevano subordinarsi la religione, la morale, la scienza e la politica.

L'estetismo si fece portavoce dell'arte per l'arte, esaltando al massimo le idee di Nietzsche sulla separazione dell'arte dal mondo reale, obbligando l'artista all'isolamento e racchiudendolo nella sua torre d'avorio, una "prigione" volontaria che lo proteggeva dalla realtà che lo circondava e lo minacciava con il suo pessimo gusto, la sua bruttezza e il suo mercantilismo.

Leconte de Lisle, Mallarmé, Flaubert, Stendhal e Baudelaire difesero e presagirono un'arte come gioco supremo, che si doveva godere come un paradiso segreto, escluso ai comuni mortali (da qui l'idea dell'arte elitaria, nel suo senso più privilegiato ed aristocratico, che si disinteressava dei problemi politico-sociali).

Oscar Wilde portò queste idee alle sue estreme conseguenze, Mallarmé si rifugiò in se stesso, Stefan George si rinchiuse in un club esclusivo per pochi privilegiati, disprezzando le masse.

La borghesia nella sua fase rivoluzionaria contro la monarchia e la nobiltà, preferì "l'arte in funzione sociale", ma, una volta conquistato il potere, cominciò a diffidare dell'arte progressista e difese la tesi "dell'arte per l'arte", estranea alla politica, sebbene, più tardi, tornò a respingerla quando il Realismo cominciò a rappresentare temi crudi e volgari, e l'impressionismo si vantava dei suoi temi banali e delle sue tecniche antiaccademiche.

Queste idee "dell'arte per l'arte" servirono anche all'arte "bohémienne" nella sua lotta contro la borghesia ed anche contro i residui dell'antico regime, della nobiltà e del governo assolutista. Il suo credo fu l'anticonvenzionalismo, esaltando la posizione dell'artista come un essere libero e indipendente.

All'opposto "l'arte in funzione sociale" fu difesa da Proudhon e da Saint-Simon, i quali seguivano direttamente le idee di Schiller, che valutavano l'opera d'arte per il suo contenuto e la tematica, disprezzando la forma. Proudhon scrisse che l'arte non doveva essere una vana diversione, ma che doveva servire per perfezionare la società, scoprendo e denunciando le piaghe sociali, la miseria, l'ipocrisia e le innumerevoli forme d'immoralità.

Altri difensori dell'arte in funzione sociale furono Tolstoi, Ruskin e Karl Marx.

Quando i critici, la borghesia e il popolo cominciarono a rifiutare l'impressionismo, come reazione a quanto detto sopra, cominciò a diffondersi un'altra teoria, chiamata "la scuola del buon senso", in opposizione tanto all'arte per l'arte quanto all'arte in funzione sociale, la quale desiderava un classicismo sobrio e borghese, che dovesse esaltare gli ideali dell'epoca, ma in modo conformista e tradizionale.

Nel secolo XX le critiche più importanti contro le tendenze anteriori si possono desumere dal pensiero di Benedetto Croce, il quale affermò che se l'arte dipende dalla morale, dalla religione, dal piacere o dalla filosofia, sarà morale, religione, piacere o filosofia, ma non arte. Se, in cambio, è indipendente si dovrà vedere in che consiste e che valore ha; in ogni modo un'indipendenza e libertà totali e pure non possono esistere, perché, in tal caso, non sarebbero nulla...

Anche Jacques Maritain condanna le due tendenze, dato che secondo lui l'arte per l'arte è una pura astrazione assurda, che implica che l'uomo è divorziato dall'artista, dimenticando gli importanti valori sociali, mentre l'arte in funzione sociale è ugualmente un errore, dato che l'artista si dimentica che è un artista e che la sua funzione è quella di creare un'opera d'arte con valore estetico. Secondo lui il vero artista deve continuare a camminare in una specie di equilibrio, accettando l'aiuto per non cadere, ovunque gli provenga e se gli conviene.

G.N.

XI

Il tuo testo mi induce a venire al punto critico della nostra discussione.

Poiché sono perfettamente convinto che sin dalla nascita del socialismo scientifico siano definitivamente finiti i tempi in cui gli uomini potevano cercare nella religione una risposta ai loro problemi (e in questo senso voglio dirti che la contrapposizione tra iconografia bizantina e realismo giottesco, se poteva avere un senso ai suoi esordi, oggi non ne ha alcuno, se non per la storiografia), la funzione sociale dell'arte s'è spostata verso problematiche assolutamente terrene e mondane, in cui il compito principale è quello di cercare di realizzare un *umanesimo laico* (sul piano dei valori culturali) e un *socialismo democratico* (sul piano dell'esperienza pratica).

Cioè mentre fino alla prima metà del Mille era chiaro che la chiesa romana s'era posta in contrapposizione con quella ortodossa, gettando involontariamente le basi politiche della futura riforma sociale in senso borghese del mondo protestante, una riforma che praticamente è iniziata con lo sviluppo dei movimenti ereticali ed è proseguita per 500 anni, viceversa con la nascita della rivoluzione industriale in senso capitalistico non solo si è posto un limite invalicabile a tutte le pretese emancipative della religione, ma si è anche chiarito una volta per tutte che non ci può essere alcuna liberazione, di alcun tipo, senza un processo di smantellamento progressivo della società, delle istituzioni e dei valori borghesi.

In questo senso voglio dirti che ormai anche per l'arte è venuto il momento di schierarsi: o si pone a favore dell'umanesimo laico e/o del socialismo democratico, oppure il suo destino, di inutilità sociale, è segnato, in quanto i tempi sono talmente carichi di contraddizioni antagonistiche, conflittuali, che qualunque forma di estetismo fine a se stesso, di autoreferenzialità o, se si preferisce, qualunque atteggiamento di snobistico rifiuto del presente porterà l'arte a essere progressivamente emarginata dall'interesse delle masse, almeno da parte di quelle masse che vogliono liberarsi della loro condizione di assoggettamento.

Già oggi tantissima capacità artistica è finalizzata a un uso meramente commerciale: l'arte occidentale, dalla pubblicità alla cinematografia, deve stupirci con effetti speciali, perché intrinsecamente essa è vuota di contenuti. È un'arte tanto "povera" di valori quanto "ricca" di tecnologia.

Quanto al resto che dici, sono d'accordo con la tua analisi storica. È interessante notare come l'arte per l'arte, se si pone come rifiuto dell'arte commerciale, apologetica di qualcosa, trovi in parte la sua ragion d'essere, come l'anarchismo nei confronti dello statalismo, ma appunto nei limiti di un'esperienza che di "sociale" non ha nulla e che ancora deve imparare ad andare oltre il semplice rifiuto della massificazione, della omologazione culturale.

Noi in occidente, in tal senso, abbiamo dato una grande importanza all'arte romantica: ancora oggi, nei nostri manuali di letteratura, il Romanticismo viene posto al vertice della letteratura *qua talis*. Proprio perché questa corrente offre l'illusione di poter convivere abbastanza tranquillamente, cioè salvaguardando i propri valori morali, la propria interiorità, con le dure leggi del vivere borghese. Cosa che oggi, a più di un secolo di distanza da quella letteratura, dopo le due guerre mondiali e il consumismo degli ultimi 60 anni, è lontanissimo dall'essere vero.

Oggi in Italia tutta la letteratura, la poesia, l'arte in genere, dopo la grande esperienza del neorealismo e dopo il decennio tutto "politico" che va dalla fine degli anni sessanta alla fine degli anni settanta, si trova in un'impasse da far paura o, come dite voi in spagnolo, che rende di più: *estancamiento*. Noi occidentali non abbiamo più niente da dire e se abbiamo da dire qualcosa che pretende di porsi in maniera alternativa al trend dominante, non abbiamo poi la forza di realizzarlo, per cui alle nostre migliori parole non seguono mai i fatti.

E.G.

XII

Oggi, visto che mi solleciti a stare dalla parte dell'arte per la vita, ti voglio parlare del "Muralismo Mexicano", traducendo un capitolo del mio libro.

Le influenze che ricevette il "Muralismo Mexicano" furono molteplici: dall'arte e dalla cultura preispanica, dal realismo sociale tedesco, dalla nuova oggettività, dall'espressionismo e da altre correnti dell'epoca. Nel suo manifesto si notano influenze d'ideali romantici, per il suo anticonvenzionalismo, e ribellione contro ogni regola e limitazione, esplosione delle passioni, desiderio di ritornare a un remoto passato, alle radici autoctone del popolo e, quindi, esaltazione di tutto ciò che si considerò creazione o produzione, odio per l'arte elitista, per l'arte fine a se stessa, nella convinzione che la vera arte era solo quella che possedeva una funzione sociale, creata collettivamente per le masse popolari e da esse completamente compresa.

Ispirato anche dall'idealismo hegeliano, il Muralismo credeva che l'artista appartenesse al suo tempo, vivesse nello spirito e nelle abitudini dell'epoca, ne condividesse idee e manifestazioni. L'artista doveva creare in primo luogo per il popolo, il quale aveva tutto il diritto di esigere che un'opera d'arte fosse comprensibile e a lui vicina.

Nel *Manifesto* si trovano anche norme realistiche che danno importanza esclusiva al contenuto dell'opera, all'oggettivismo dell'artista, il quale deve prendere la sua tematica da ciò che è più reale e immediato della vita quotidiana, e da idee socialiste-marxiste che determinavano tassativamente che la funzione principale dell'arte era quella di collocarsi al servizio della causa rivoluzionaria proletaria, di combattere la borghesia e il suo sistema economico-politico, di rafforzare la morale e l'unità del popolo, e di essere un veicolo di propaganda politico-sociale.

E l'importanza che dava al contenuto si doveva esprimere in termini realistico-fotografici, doveva condannare ogni astrazione ed anche ogni figurativismo che non possedesse un messaggio sociale.

Lo stesso Alfaro Siqueriros, autore del *Manifesto*, ci dice qual era la sua poetica: "Non solamente il lavoro nobile, ma persino la benché minima espressione spirituale e fisica della nostra razza, sboccia da ciò che è autoctono (in particolare dagli indios). Il suo ammirevole e straordinario talento peculiare sta nel creare la bellezza; l'arte del popolo messicano è la più alta espressione spirituale che esista al mondo e la sua tradizione è il nostro tesoro più grande. È grande perché, essendo del popolo, è collettiva, e questo spiega perché la nostra meta estetica fondamentale è quella di socializzare l'espressione artistica, che deve cancellare totalmente l'individualismo borghese. Ripudiamo la cosiddetta "pittura da cavalletto" e qualsiasi arte dei circoli ultraintellettualistici, perché sono aristocratiche, e glorifichiamo l'espressione "dell'arte monumentale", perché è di proprietà pubblica. Proclamiamo che il momento attuale è un'epoca di transizione tra un ordine decrepito e uno nuovo che i creatori della bellezza devono realizzare, coi loro migliori sforzi, e riuscire a fare una produzione di valore ideologico per il popolo, che è la vera meta ideale dell'arte (che attualmente è un'espressione di masturbazione individualista), che sia arte per tutti, d'educazione, di battaglia".

La tematica consistette in fatti e personaggi storici messicani, il passato precolombiano, la conquista spagnola, lo sfruttamento nazionale e straniero, la rivoluzione nazionale, le riforme sociali e culturali, democrazia e dittatura, liberazione del popolo, guerra e pace, capitalismo e socialismo, glorificazione del lavoro del popolo umile, della scienza e della tecnica al servizio del progresso. Siccome si trattava di una pittura illustrativa-descrittiva usarono spesso sovrapposizioni di figure, ingrandendo i personaggi più importanti, non importando su che piano e a che distanza si trovassero, come nelle pitture medievali.

Accentuarono il dinamismo, il movimento, gli effetti cromatici che risaltavano le figure, seguendo uno stile che va dal realismo naturalistico ad un espressionismo drammatico, quello in accordo con la descrizione didattica, allo scopo di stimolare il sentimento e le passioni, come l'orgoglio, la rabbia, il disprezzo e il rifiuto, l'esaltazione e l'amor patrio.

Le tecniche dell'affresco e dell'encausto furono ampiamente utilizzate, così come le tecniche nuove (150 circa), che prevedevano l'uso di materiali industriali, come la piroxilina (pittura per auto), applicata con pistole d'aria, resine sintetiche (viniliche, acriliche, siliconate), mattonelle cotte ad alte temperature, mosaici, metalli, pietre di vari colori, ecc.

Il "Muralismo Mexicano" basava la sua poetica su principi nazionalistici e rivoluzionari di tendenze socialiste, uniti ad una volontà di rinnovamento pittorico.

In uno dei periodi più tragici della sua vita, Paul Gauguin aveva dipinto un quadro che avrebbe dovuto essere il suo testamento spirituale, che intitolò: "Da dove veniamo? Chi siamo? Dove andiamo?". Lo scopo principale del "Muralismo Mexicano" fu quello di cercare di rispondere a tali interrogativi per rendere coscienti i popoli meticci d'America Latina in generale, particolarmente quello messicano, della loro importanza, della loro grandiosa tradizione culturale precolombiana, della dolorosa conquista spagnola che, nel bene e nel male, dette vita a popoli nuovi, integrandoli al resto del mondo e all'epoca moderna.

Si voleva in sostanza distruggere il sortilegio dei complessi, esaltando l'orgoglio patriottico, lo spirito nazionale, il risorgimento d'un'arte autenticamente messicana, sia nelle sue tematiche sia nell'essenza spirituale. Il popolo, analfabeta nella sua maggioranza, doveva prendere coscienza della sua lunga storia, delle sue origini, della sua identità, grazie ai "murales" dipinti dappertutto, nei cortili, nelle facciate degli edifici pubblici, delle scuole, delle biblioteche, dei teatri e dei cinema.

Clemente Orozco, uno dei firmatari del *Manifesto*, confessò nelle sue memorie che alcune idee e intenzioni restarono come utopie. Infatti la socializzazione dell'arte, la soppressione dell'individualismo borghese, il ripudio della pittura da cavalletto e di qualsiasi altro tipo di pittura elitistica o aristocratica, e il produrre solo opere monumentali di dominio pubblico, risultarono, molte di esse, irrealizzabili, o molto relative.

Orozco enumerò le principali difficoltà: in primo luogo nessuno dei pittori si mise d'accordo su cosa significasse e che cosa si sarebbe dovuto fare per "socializzare l'arte". Infatti ognuno aveva idee diverse, molte delle quali erano irrealizzabili o inopportune.

Nessuno volle rinunciare alla pittura da cavalletto, anche per ragioni pratiche, di necessità economiche. Neppure il proposito di dipingere "murales" collettivamente risultò fattibile; infatti solo pochi sapevano o potevano dipingere "murales", senza contare che, più tardi, si capì che la pittura da cavalletto, le incisioni e i disegni potevano essere egualmente importanti anche per le finalità ideologiche proposte.

I pittori si resero anche conto che, in accordo con tali ideologie, le opere che rappresentavano indios oppure operai che lavoravano non piacevano né agli indios né agli operai (o non avevano denaro per acquistarle), anzi venivano comprate dai borghesi nazionali e dagli stranieri contro i quali ipoteticamente dovevano essere dirette. Al popolo piaceva vedere e comprare, se e quando ne aveva la possibilità, quadri esotici, stranieri e borghesi, che rappresentavano mondi diversi da quello della loro routine quotidiana.

In particolare gli stranieri restavano affascinati da tutto ciò che rappresentava il folclore messicano, che i messicani, all'opposto, vedevano troppo usuale e ovvio.

I pittori inoltre si resero conto che il buon gusto non era esclusivo d'una etnia o nazionalità o d'una classe sociale, ma era personale e che solo l'educazione poteva completarlo, affinarlo, depurarlo. Infatti è il mal gusto (la pacchianeria) che piace alle masse, che non hanno un'educazione estetico-culturale. Cosicché se i pittori avessero seguito il gusto delle masse avrebbero aumentato il mal gusto o, nel migliore dei casi, avrebbero creato solo pubblicità, disegno grafico, propaganda a buon mercato, ma non arte.

Sorsero inoltre dubbi se l'arte era realmente capace di muovere le masse e rappresentare un'arma politica efficace; infatti tutta la storia dell'umanità registrava proprio il contrario: nessun artista aveva mai creato teorie filosofiche, politiche o scientifiche, nessuna opera d'arte aveva causato mai una guerra o una rivoluzione, i sistemi cadevano quando si dimostravano caduchi, superati.

Orozco si rese anche conto che si era data troppa importanza al contenuto dell'opera d'arte. Quando non si raggiungeva una vera armonia tra contenuto e forma, si faceva una pittura illustrativa, narrativa, descrittiva, documentaria o aneddotica, senza raggiungere un vero valore estetico: "In relazione alla pittura, all'opera d'arte, il contenuto ideologico e il tema non hanno l'importanza vitale che le si attribuisce. Certamente il quadro può esprimere o riflettere delle idee, come pure aver microbi sulla sua superficie, ma né le idee né i microbi costituiscono la sua essenza: le idee e i temi sono i mezzi di cui si serve l'artista per realizzare qualcosa d'elevato, d'importante ed è questo che dà valore al quadro".

G.N.

XIII

Quello che mi hai mandato ha per me il significato di una conferma: o l'arte per l'arte o l'arte per la vita. *Tertium non datur.*

L'arte di van Gogh in che campo rientra? Apparentemente nella seconda, e comunque con una precisazione: la vita dell'ultimo van Gogh è follia, è l'arte di un disperato per una vita senza senso. Negativamente merita ogni rispetto, perché di sicuro è un'arte sofferta, sentita, in cui l'artista non si risparmia. Ma la vita resta un'altra cosa, deve necessariamente essere un'altra cosa, se vogliamo che sia "vivibile", che sia per tutti.

Altrimenti, e questo è paradossale ma significativo, un'arte per una vita negativa finisce col diventare un'arte fine a se stessa, incapace di comunicare, se non per chiedere aiuto, e van Gogh infatti lo chiedeva, solo che la follia gli impediva di riceverlo.

Quindi al *Campo di grano*, che mi fa paura, preferisco i *Mangiatori di patate*, anche se qui non c'è la stessa padronanza del colore, la stessa maestria nell'uso agitato del pennello. Guarda le facce dei due contadini: il ritratto di Patience Escalier ha dei colori bellissimi, eppure lo sguardo è quello di un uomo distrutto, sfinito da una vita senza senso, e l'artista quasi se ne compiace, perché in quel volto, in quegli occhi cerchiati di vuoto si riflette la sua stessa vita.

Ora guarda il ritratto di Gordina de Groot; lo so è scuro, ma il volto non è disperato, anzi, sembra dominare una composta fierezza, la consapevolezza di una fatica da assumere come scopo della vita.

Per quale motivo dovrei premiare la forma? Perché devo preferire dei contenuti negativi? Per quale ragione devo accettare dei disvalori che hanno portato il volto umano di una donna povera a trasformarsi nella maschera di un contadino agiato e totalmente rassegnato? Per quale ragione dovrei giustificare l'iter artistico di van Gogh, facendo di questo pittore uno dei più grandi di tutti i tempi? Per quale motivo dovrei dar ragione a uno che in fondo non credeva ad altra ragione di vita che non fosse la sua stessa pittura?

Perché devo sentirmi in colpa se non mi esprimo secondo i canoni della critica artistica occidentale? Che colpa ne ho se, dopo l'avvento del cristianesimo, la concezione dell'arte per l'arte si presenta ogniqualvolta nell'artista subentrano delusioni e frustrazioni per la mancata realizzazione di determinati ideali?

Prima del cristianesimo in fondo tutto era ammissibile, in quanto "la coscienza del peccato" era quasi inesistente. I greci sono sempre stati troppo ingenui per poter capire che il vero male non è frutto di ignoranza ma di volontà consapevole.

Queste sono le ragioni per cui, in campo filosofico, ho sempre preferito il Kierkegaard della tesi di laurea sull'*Ironia* rispetto a quello maturo del trattato sulla *Disperazione*, o il giovane Nietzsche quando si cimentava sulla *Tragedia greca* al Nietzsche maturo che parla di "superuomo", o il Marx politico della Sinistra Hegeliana e del *Manifesto* a quello economista del *Capitale*, o l'Hegel esistenziale della *Fenomenologia* a quello accademico dell'*Enciclopedia*, o il Kant ateo della *Ragion pura* a quello moralista e individualista delle altre *Critiche*.

Ma non voglio tediarti su questo, perché la tua ultima merita senza dubbio un commento a parte. Qui posso solo anticiparti che fare arte ovviamente non è come fare propaganda politica, anche se in entrambe le attività occorre metterci passione per ottenere buoni risultati. L'arte è un sentire interiore che non può essere dettato da regole esterne prefissate. È la vita che deve regolare l'arte, ispirandola. Su questo siamo perfettamente d'accordo.

E.G.

XIV

In generale non hai torto. Ma l'arte, intesa come creazione di nuove forme, di nuovi punti di vista estetici, di rivoluzioni artistiche, di cambi di correnti e di stili personali, ecc. bisogna vederla e analizzarla, prima di tutto, dal punto di vista strettamente artistico.

Poi si può anche studiarla da altri punti di vista: pedagogico, sociologico, psicologico, psicanalitico, tematico, tecnico, ecc., per arricchire i nostri punti di vista e renderci conto della sua "invasione" in altri campi, che non sono i suoi specifici.

L'arte è una necessità spirituale degli artisti e delle persone che amano l'arte. Il resto conta ben poco. Appartiene ad altre correnti del sapere l'esigenza che si metta per forza in un terreno che non è il suo. Come quando Freud volle spiegarla dal punto di vista psicanalitico. Le sue considerazioni furono interessanti, come qualsiasi altro studio serio, che aiutarono qualcuno in qualcosa, ma di comprensione dell'arte e dello scopo dell'arte c'era ben poco.

Ricorda che l'arte è stata nei secoli schiava della religione, dei "capoccioni" di turno, della propaganda politica e perfino dell'imitazione della natura. Nel secolo XX cominciò ad aver coscienza e sentire la necessità della sua propria indipendenza, volle liberarsi dalla schiavitù, volle valere per se stessa: perché negargliela e obbligarla a cambiar padrone?

D'altronde l'arte è un prisma che ha molte facce e ognuno di noi si colloca di fronte alla faccia che più gli interessa, secondo le sue idee, la sua cultura, la sua conoscenza dell'arte stessa; ma solo chi realmente apprezza l'arte in sé, vede e analiza il prisma intero, completo, totale, ivi incluse tutte le sue interpretazioni e intromissioni in campi che non sono specificamente i suoi, ma che, se sentiti e interpretati artisticamente (la qual cosa implica originalità e armonia estetica), possono ugualmente far raggiungere lo scopo dell'arte, unico ed essenziale, che è quello di promuovere negli spettatori la fruizione psichica e l'interpretazione intellettuale.

G.N.

XV

E.G.) L'arte da noi è libera, libera di servire il capitale.

G.N.) L'arte non è stata mai completamente libera. Oggi dipende dal mercato, come ieri dipendeva dalla chiesa, dai re, dai nobili. In ogni modo credo che il mercato sia un po' più malleabile, si può giungere a determinati compromessi.

E.G.) L'arte per l'arte io l'ho sempre considerata come una fuga dalla realtà, come un tentativo, un po' superficiale, di sopravvivere a contraddizioni sociali giudicate irrisolvibili. Questo tipo di arte ha un senso nell'immediato, nel provvisorio, perché in fondo a nessuno dispiace l'idea che - come disse Turghenev - "la Venere di Milo sia meno contestabile dei principi del 1789", e se vuoi posso anche accettare la pop art di Andy Warhol come una forma transitoria di provocazione estetica, ma solo nella consapevolezza che prima o poi bisogna riprendere i temi forti della vita sociale, per il bene stesso dell'arte, altrimenti destinata a vivere nell'effimero.

G.N.) Qui non sono completamente d'accordo. Intervennero, dopo la seconda guerra mondiale, vari fattori: commercializzazione dell'arte, volgarizzazione dell'arte, demitizzazione dell'arte, sdivinizzazione dell'artista, esaurimento di tutte le possibilità di qualsiasi nuovo cammino artistico e incluso antiartistico dopo l'arte concettuale, la land-art, la body-art, ecc., al punto che a un certo momento si dovette far marcia indietro con la transavanguardia.

E.G.) ... quasi tutti i nostri manuali scolastici di letteratura sono impostati sull'arte per l'arte, nel senso ch'essi preferiscono mettere in evidenza non l'artista impegnato civilmente, socialmente, politicamente, ma quello più capace di usare la tecnica del poetare e capace di trasmettere, attraverso questa tecnica, sentimenti umani di tipo psicologico, emotivo, intimistico o interiore, comunque soggettivo, esistenziale...

G.N.) Il tuo è un concetto politico-sociologico dell'arte. Il mio è un concetto artistico-estetico. L'artista può, ma non deve obbligatoriamente, sentirsi compromesso con le idee politico-economiche del momento. E, in ogni modo, non è tale compromesso che aggiunge un valore estetico alla sua opera: il sovrappiù propagandistico-simbolico avrà valore solo se l'artista lo sentirà, interpreterà e lo trasformerà in forme estetico-artistiche.

E.G.) Per te l'arte è legata alla creatività innata dell'artista, di cui egli deve prendere consapevolezza, cercando di esprimerla nel migliore dei modi ...

G.N.) ... soprattutto inconsapevolmente... il caso e le stesse leggi della materia intervengono e lo obbligano a seguire un cammino e a giungere ad un risultato al quale non aveva pensato o voluto, che possono non essere quelli che il pubblico si aspetta (al gran pubblico piace la pacchianeria e non capisce nulla dell'arte).

E.G.) Per me arte è ciò che l'artista deve rappresentare, indipendentemente in un certo senso dalla sua particolare creatività. Un artista è tale, per me, solo nella misura in cui nella sua opera sa riflettere un sentimento comune, di una comune tradizione ...

G.N.) ... dal punto di vista della filosofia dell'arte, dell'estetica e della critica artistica, credo che sbagli. Tu non vuoi degli artisti liberi e creatori di forme personali nuove ed originali, ma semplici ed abili strumenti propagandistici, teoricamente al servizio del popolo, ma praticamente al servizio delle autorità di turno.

E.G.) La tecnica è un aspetto secondario, anche se non marginale, poiché è evidente che maggiore è la padronanza della materia, maggiori sono le possibilità che il sentire comune venga espresso nella maniera più adeguata.

G.N.) Allora - secondo te - aveva ragione Cicerone quando affermava che non si potevano comparare gli artisti di ieri con quelli d'oggi (cioè del suo tempo). Quelli d'oggi dovevano necessariamente essere migliori perché utilizzavano tecniche più perfezionate e avanzate di quelle degli artisti del passato che non le conoscevano. Ma oggigiorno le teorie della bellezza, della tecnica e dell'imitazione della natura sono morte e sepolte.

E.G.) ... escludo a priori che una maggiore padronanza della materia implichi di per sé, cioè in maniera necessaria, una migliore rappresentazione del sentire comune. Un artista può essere geniale quanto vuole, grandissimo esperto sul piano tecnico, ma se vive in maniera isolata, inevitabilmente le sue opere avranno un'importanza molto relativa...

G.N.) ... a prescindere dal valore commerciale che possono avere in un mercato borghese. Anche se l'artista non è completamente libero, dal punto di vista del mercato, è liberissimo d'esprimere le sue idee e di creare ciò che sente. In caso contrario sparirebbe l'artista e l'arte, e artigiano e artigianato prenderebbero il loro posto, semplici strumenti sovvenzionati o mantenuti dalle autorità di turno e/o dal gusto grossolano del gran pubblico...

E.G.) L'artista deve far parte di una tradizione di popolo, altrimenti non può pretendere d'essere capito.

G.N.) Come ti dissi l'artista crea per se stesso e per quelli che lo comprendono: se l'artista dovesse... (non importa cosa), sparirebbe come artista.

E.G.) D'altra parte non c'è alcuna possibilità di creazione libera neppure se l'artista procede per conto proprio, senza tener conto della realtà. Una produzione artistica del tutto soggettiva sarà arbitraria e quindi inutile ai fini della valorizzazione dell'esistente. O forse tu vuoi considerare artistiche "Le scatolette" di Piero Manzoni o l'orinatoio di Duchamp?

G.N.) Tu prendi degli esempi limite. Duchamp era un grand'artista e quando presentò nell'Armory Show il suo orinatoio fu per burlarsi dei giudici. Più tardi con la diffusione della fama di Duchamp si ricercarono tutte le sue opere anteriori, tra le quali anche quelle che ridicolizzavano l'arte e i giudici, e restarono come esempi d'un atteggiamento, un fatto, d'una epoca, e il feticismo fece il resto. Manzoni appartiene alla reazione post-bellica contro la divinizzazione dell'artista e dell'opera d'arte. Ad un certo punto, quando si giunge a un vicolo cieco, bisogna distruggere tutto, e allora l'uomo si rende conto che non può distruggere all'infinito, anche se lo vuole, e coscientemente o incoscientemente ricomincia a ricostruire. Non è forse questa la benedizione o la maledizione dell'uomo?

E.G.) Il sistema socialista avrebbe dovuto sapere che di fronte a un'espressione artistica meramente individuale non occorrono direttive di governo, forme di censura, restrizioni amministrative (come d'altra parte fece il nazismo qualificando col termine "degenerata" l'arte non conforme all'ideologia del superuomo). È il popolo stesso che, spontaneamente, rifiuta un'arte che non gli appartiene, che non sente come sua.

G.N.) ... una parte del popolo, col passo del tempo e con l'aiuto dei critici, riuscirà a comprendere (o fingerà di comprendere) l'arte del suo tempo. In caso contrario importa ben poco, il popolo soddisferà il suo sentimentalismo semplicista con la pacchianeria che lo circonda.

E.G.) Le tradizioni popolari devono potersi autorappresentare, cioè decidere autonomamente come devono essere interpretate, anche sul piano artistico...

G.N.) Qui pesa ancora la tradizione romantica del secolo XIX, che bisogna prendere con molte riserve...

E.G.) Sotto questo aspetto non capisco il motivo per cui tu consideri "artigianale" l'arte che vuole rispecchiare le tradizioni popolari.

G.N.) Generalmente la cosiddetta arte popolare, che poi è in definitiva artigianato popolare, è sempre un'imitazione più o meno volgarizzata dell'arte elitaria.

E.G.) Anch'io allora potrei dire che l'arte di Van Gogh o di Michelangelo, essendo del tutto soggettiva, non è arte, ma esercitazione arbitraria di individui che hanno vissuto la loro esistenza odiando il mondo intero. Perché devo considerare "artistica" l'opera di un folle, di un suicida, di un violento, di un maschilista che nei confronti delle donne aveva un milione di complessi freudiani?

G.N.) Semplicemente perché è arte. Anche qui cadi nei casi limite. Solo pochi artisti importanti, durante tutta la storia, furono folli, suicidi, violenti, ecc. E si deve anche al fatto che sono rimasti in noi i ricordi di casi relativamente recenti, come quelli di van Gogh, Toulouse-Lautrec e Gauguin, che vennero chiamati i pittori maledetti. Dopo tutto l'artista non conta oggi per noi, contano le sue opere. Ripassa un po' la storia e la vita dei cosiddetti "grandi uomini" che ebbero (ed hanno) le redini dei loro popoli, da Alessandro ai governanti attuali, troverai un bel mucchio di psicopatici ... eppure li leggiamo, li studiamo, li imitiamo a volte o, peggio ancora, li applaudiamo e li seguiamo.

E.G.) Perché vuoi concedere così tanto spazio all'individualismo dell'artista quando tu stesso dici che questo individualismo è frutto di un'alienazione sociale, quella borghese, che lo stesso artista è costretto a subire?

G.N.) Non può esistere un artista individualista senza essere alienato? E poi - già l'ho detto – ciò che interessa è la sua opera, non la sua vita.

E.G.) ... secondo me è bello ciò che è bello, e in tal senso sono un hegeliano contro Kant. E, aggiungo, ciò che è bello non può non piacere.

G.N.) Dovresti spiegarmi che cosa è questo bello che deve piacere universalmente, in ogni persona e in ogni epoca, anche perché quando dici che "Non esiste un canone ufficiale per stabilire la bellezza", mi sembra che tu cada in un'evidente contraddizione.

E.G.) ... se valesse solo la regola soggettiva secondo cui è bello ciò che piace, l'arte non potrebbe comunicare alcunché di veramente significativo e l'artista non si sforzerebbe di rendere la propria arte conforme al sentire comune.

G.N.) Il vero artista non si sforza, crea perché lo sente istintivamente e perché non ne può fare a meno, se ne frega dell'opinione del pubblico se non lo comprende...

Giancarlo Nacher

XVI

Rileggendo il tuo intervento sul *Muralismo mexicano*, debbo dirti che non ricordo proprio d'aver mai visto qualcosa di simile o di vagamente equivalente nel nostro paese, almeno non in campo pittorico. Ma la mia memoria dei tempi liceali e universitari può far difetto.

Certo, anche noi abbiamo avuto pittori per così dire "di sinistra", come Pellizza da Volpedo, Guttuso, che partecipò all'esperienza "Corrente", soppressa dal fascismo, ma sono stati casi isolati, che non hanno generato correnti artistiche vere e proprie.

Tu dirai che questo è stato un bene per l'Italia, in quanto un'arte troppo "schierata" alla fine produce solo obbrobri. Ebbene, su questo vorrei fare alcune precisazioni. A me non piace un'arte esplicitamente schierata, come in genere non piace nulla che sia per così dire "esplicito" o "diretto". Siamo troppo complicati, come esseri umani, per non apprezzare le sfumature e le ambiguità.

Guarda il futurismo italiano: la maggioranza degli artisti italiani è finita a destra, eppure quel modo di dipingere è stato rivoluzionario, e sicuramente piaceva anche a chi era di sinistra (primo fra tutti Gramsci), non foss'altro che per la novità che esprimeva (e comunque in Russia la maggior parte dei futuristi furono di sinistra).

Tuttavia ci sarebbe da discutere all'infinito su questo: se dovessi scegliere tra il movimento interiore dello sguardo russo del *Cristo* di Rublev e il movimento esteriore della *Materia* di Boccioni, quale dei due pensi mi dia più serenità e meno angoscia? E non ti sto contrapponendo un dipinto superficiale con uno impegnativo, ma due autentici capolavori.

Quale dei due pensi mi metterei in casa senza stancarmi di guardarlo? La funzione dell'arte, secondo me, sta proprio in questo, che non deve essere troppo esplicita, altrimenti ridurrebbe le capacità oniriche, fantastiche, rappresentative, ma non deve neppure essere banale, perché dopo un po' verrebbe a noia.

Un'opera d'arte deve potermi interpellare continuamente e se non lo fa è perché io sono distratto. Ma per poterlo fare, l'artista deve concentrarsi sui movimenti interiori dell'anima, quelli per i quali il movimento esteriore delle cose, delle persone stesse non ha molta importanza.

Il Cristo di Rublev non ti guarda come i soliti Cristi occidentali, che ti schiacciano con la loro divinità, ma sembra guardarti da uomo a uomo, senza giudicarti, anzi invitandoti a realizzare l'umanità che è in te. Ecco perché secondo me un ateo non può non apprezzare un dipinto del genere.

Voglio dirti insomma che l'arte non deve stupirmi con effetti speciali, non deve avere troppo movimento, ma non deve neppure essere statica, come quando si dipingono i paesaggi senza figure umane, a meno che gli elementi della natura non siano trasposizioni di un sentire interiore, ma in questo caso bisogna stare attenti a non cadere in una simbologia artificiosa.

Il ritratto per me è la cosa più bella, perché quando lo guardo gli posso parlare, come fossi una sorta di "moderno animista". Con questo ovviamente non voglio dire che non mi piacerebbe avere in casa un dipinto che mi ricordasse il valore della natura (i *Girasoli* di van Gogh), la bellezza e la forza degli animali (le *Tigri* di Ligabue) o la dignità e le lotte dei lavoratori (il *Quarto Stato* di Pellizza).

Una persona non è sempre la stessa: cambiano i gusti, le idee, i modi di porsi; è normale che si passi dall'apprezzamento per il figurativo a quello per il simbolico. Quello che non mi piace è il fare dell'arte uno strumento di evasione o di giustificazione dei poteri dominanti. L'esplicito e il banale sono gli estremi in cui l'artista dovrebbe evitare di cadere.

E.G.

XVII

Se non mi fai dare all'arte uno scopo non artistico, per me l'arte diventa qualcosa di autoreferenziale, diventa fine a se stessa, proprio perché per me una persona priva di riferimenti sociali, di tradizioni... (in questo caso l'artista) è una semplice astrazione, e chi ha legami con realtà sociali non può sentirsi libero di dipingere come vuole, perché questo modo di porsi sarebbe arbitrario, in contrasto con l'appartenenza a un collettivo.

Un artista deve tener conto del contesto in cui vive, non solo come ambito accidentale, inevitabile, ma come metro di misura della validità della sua opera; s'egli pensa di poter vivere senza contesto, non può poi pretendere un riconoscimento sociale.

Per quale ragione se io fossi un amministratore locale tenderei a fare dei privilegi ingiustificati scegliendo tra due forme artistiche quella più vicina alle tradizioni popolari, al sentire comune? Perché mai una politica culturale dovrebbe premiare uno sradicato, un individualista, un antisistema?

Certo, si può andare controcorrente, si può e anzi, quando occorre, si deve contestare il sistema e anche rovesciarlo, ma che senso ha farlo individualmente?

È possibile che l'etica si formalizzi, si svuoti di contenuti veri, e quindi è naturale che l'estetica svolga una funzione critica, demolitrice, ma chi darà all'etica la forza di riprendersi se non se stessa? L'etica che accetta le proprie sconfitte e la necessità di una propria riforma verso il meglio, è un'etica che saprà accettare anche le ironie, il sarcasmo, la satira persino di quell'estetica impietosa che cerca sempre di farsi strada approfittando delle debolezze dell'etica. La democrazia ha sempre dei prezzi da pagare, ma questo non significa che la società non debba sentirsi in dovere di dire all'artista che cosa è "arte" e che cosa non lo è. Non per imporre delle regole, ma per chiarire dei limiti oltre i quali non si fa "arte" ma qualcos'altro.

In ogni caso io non riesco a guardare le cose in maniera neutra. Qualunque apprezzamento meramente estetico dell'arte per me vuol dire optare per un'arte fine a se stessa. E anche questa - me ne rendo conto - è una concezione partigiana dell'arte, come è vero che la libertà sta nel saper assumere i condizionamenti, senza illudersi di poterne fare a meno.

Con questo non voglio dire che se fossi un politico non mi sforzerei di valorizzare un individuo isolato, cui riconosco del talento artistico, ma lo farei invitandolo a far parte di una tradizione, di un collettivo, misurando il proprio talento in un confronto con le esigenze popolari. Perché mai una persona di talento dovrebbe disperdere le proprie energie nei mille rivoli del libero arbitrio e pretendere, nel contempo, una considerazione pubblica non meno grande di quella tributata ad artisti che rispettano delle "regole comuni"?

Se uno dovesse basarsi esclusivamente sulle proprie tendenze, inclinazioni, interessi momentanei... sarebbe una persona dispersiva, geniale sì ma incapace di fare scuola, di avere discepoli, di fare della sua arte uno strumento al servizio delle esigenze della gente comune. Picasso, secondo me, un po' è stato così.

La storia dell'arte non può essere una storia separata dalle altre storie, cioè dalla politica, dall'economia, dalla cultura in generale. Chi è l'artista? Uno che comunica solo con altri artisti e che contatta la gente comune solo per cercare di vendere le proprie opere? uno che vuol mettersi in luce nella speranza di ottenere un contratto da parte di qualche committente? o forse uno che fa arte a tempo perso, quando non lavora? Dalla concezione di "artista" che un critico ha si comprendere quale sia la sua concezione di "arte".

L'arte non deve essere un'eccessiva astrazione, un gioco intellettualistico (alla Kandinsky), non deve essere troppo sperimentale, perché se lascio libero l'artista di esercitare la propria creatività al di fuori di qualunque regola, convenzione... alla fine avrò un'arte che solo lui riuscirà a capire, anzi, un'arte che neppure lui riuscirà a capire, perché la creatività gli sarà sfuggita di mano. Si finirà coll'incollare i tubetti del colore sulla stessa tela (Arman) o col tagliarla nel mezzo con un coltello (Fontana), facendo passare queste azioni istintive per gesti dettati da una profonda ispirazione.

E.G.

XVIII

L'arte contemporanea in Occidente non esiste più. Di sicuro non esiste più la pittura. Surrealismo, Dadaismo, Arte informale, Pop-art, i Nouveax Réalistes, la Nuova Avanguardia... celebrano, in un certo senso, l'impossibilità di fare arte in maniera libera, e proprio mentre pretendono di affermare la più assoluta libertà artistica.

I rifiuti organici delle *Pattumiere* di Arman (1959-60) cantano il *de profundis* dell'arte occidentale. È il soggettivismo allo stato puro.

Nell'Arte informale, ma anche nel Surrealismo, si ha l'impressione di trovarsi di fronte a degli artisti psicopatici, che hanno bisogno di dipingere, come ne avrebbero di scrivere un diario personale. La pittura viene usata come sfogo per le proprie frustrazioni (in rete molti usano lo strumento del blog).

Il fatto stesso che l'Arte informale dica di lasciarsi influenzare dal buddismo zen, ovvero da quel gusto cosiddetto "orientale" per il vuoto, l'asimmetria, l'incompiutezza, in opposizione al gusto occidentale volto al "pieno", alla simmetria, alla definizione esatta, è indice da un lato del bisogno di una tradizione in cui riconoscersi, dall'altro dell'impossibilità di poter aderire a una tradizione solo in virtù di una scelta intellettuale, semplicemente per sentirsi diversi dalle tendenze occidentali.

Il risultato è stato 1) che di quella tradizione cosiddetta "orientale" si è preso solo ciò che più faceva comodo, senza rispettarla integralmente, e 2) l'assunzione di quei principi, presunti alternativi al trend occidentale, in realtà non ha mai rispecchiato le istanze popolari, ma è stata solo frutto di una posizione arbitraria, soggettivistica.

Mi pare insomma che quando non si ha più niente da dire e non ci si può rifare ad alcuna tradizione praticabile, in quanto col tempo si è distrutto tutto, sarebbe bene non andare a cercare astrazioni intellettualistiche, ma scendere dal piedestallo e avvicinarsi ai bisogni della gente comune.

L'Arte informale, specie nella variante "materica", è il tentativo disperato di dare un senso alle cose da parte di un artista che ha perso il senso di sé. E il senso di sé l'ha perso quando, a partire dalla svolta di Giotto, ha voluto fare dell'arte un'esperienza borghese per una committenza borghese, cioè un'esperienza individualista, di classe, che ha rotto il rapporto sinergico tra popolo e intellettuali, tra lavoro pratico e teorico, tra artigiano e artista.

L'ultima arte impegnata in Occidente è stata quella del neo-realismo, cioè quella del secondo dopo guerra, ma è durata poco, perché ben presto s'è capito che la società emersa dalle rovine della guerra non era in grado di cambiare le fondamenta del sistema capitalistico.

I grandi imperi di Francia e Inghilterra avevano soltanto ceduto il passo alla nuova potenza emergente, gli Stati Uniti, accontentandosi di un ruolo subalterno, sicuramente non oppositivo né, tanto meno, alternativo.

Italia, Giappone e Germania, che uscirono sconvolte dal conflitto, non seppero fare altro che aggregarsi ai poteri dominanti sulla scena internazionale, in posizione ancora più subalterna.

Il neo-realismo italiano fu la ricerca di un'alternativa allo stile di vita borghese e, nel contempo, l'illusione di poterla trovare al di fuori del socialismo. E fu una ricerca soprattutto nell'area cinematografica, perché se in pittura escludiamo Guttuso, rimane ben poco di significativo.

E se la nuova arte è rifiuto di pennello e colori, chi meglio degli Stati Uniti può rappresentarla? Dall'Arte informale alla Pop-art, dall'arte in celluloide a quella in digitale, gli Usa sono dei campioni nel trasformare l'arte in un effetto speciale, dove scienza e tecnica raggiungono la loro apoteosi.

Quando l'arte *made in Usa* critica il capitalismo o il consumismo, è semplicemente ridicola o patetica. È la dimostrazione che gli Usa, ancora meno dell'Europa occidentale, sono in grado di trovare una via d'uscita al declino della civiltà ch'essi rappresentano.

A questo punto è meglio acquistare una scultura africana in legno tra gli improvvisati mercatini estivi di senegalesi e kenyoti. Nessuno potrà dirci che siamo pazzi, visto che lo stesso Picasso non avrebbe potuto dipingere *Les Demoiselles d'Avignon* (1907) senza prima aver guardato favorevolmente l'arte africana primitiva.

E.G.

XIX

Supponiamo che con l'impressionismo e poi l'espressionismo si sia rivoluzionato il modo di dipingere precedente. Anzitutto dovremmo ammettere una cosa abbastanza singolare: questo tipo di arte ha cercato di guardare più al contenuto che alla forma, cioè ha voluto piegare la forma alle esigenze del contenuto, nella speranza di produrre cose più sentite, più vere.

Era l'arte della piccola borghesia che rivendicava un certo protagonismo sociale e che, per questa ragione, non si sentiva più vincolata alle forme del passato, e in nome di contenuti soggettivi pensava di creare nuove forme. Se ci pensi, è stata una rivoluzione analoga a quella compiuta da Giotto nei confronti dell'iconografia bizantina.

Ebbene, a tutt'oggi quale possiamo dire sia stato il risultato finale di questa importante scelta di campo? L'arte (almeno in Occidente) è scomparsa. Con la forma s'è buttato via anche il contenuto. Se esistono artisti di fama, essi rappresentano solo se stessi, e spesso la loro fama non è che il frutto di un meccanismo che di "artistico" non ha proprio nulla.

Gli artisti che non volevano sottostare alle regole della forma, hanno finito per non aver contenuti da trasmettere. Perché questa conclusione? Sarebbe pazzesco sostenere che la crisi sia dovuta al fatto che gli impressionisti hanno voluto rinunciare alle forme dell'accademismo.

In realtà il motivo sta nel fatto che nella ricerca di un contenuto significativo da trasmettere al pubblico, l'artista ha guardato solo se stesso, le sue sensazioni percezioni rappresentazioni della realtà. Ha trovato solo se stesso mentre cercava fuori di sé, come se fuori di sé non ci fosse nient'altro di diverso della propria alienazione.

Questo processo, iniziato praticamente con l'impressionismo (1867-80), ha prodotto grandi capolavori semplicemente perché, come spesso succede nelle fasi iniziali di ogni transizione, si è cercato di innestare il nuovo su un terreno vecchio, tenendo cioè conto dei condizionamenti del passato.

Questo rapporto tra esperienza passata e istanza emergente ha indotto gli artisti a lavorare molto sui contenuti, trasfigurando la forma tradizionale. E i risultati si sono visti. A un'arte convenzionale, accademica, è subentrata un'arte soggettiva, intensa, sofferta, proprio perché ci si poneva il compito di come superare il passato senza uscire dalla storia del presente. Il picco di questa parabola probabilmente è stata toccato dall'astrattismo di Kandinsky.

Oggi gli artisti non possono fare altro che ereditare quelle conquiste, ne siano consapevoli o no, e purtroppo non riescono a fare altro che a portarle all'eccesso. L'individualismo si è esasperato.

L'artista che prima si sforzava di uscire dalla banalità, volendo restare serio, oggi si ritrova vuoto, come se avesse scoperto che l'io, oltre un certo livello di esperienza individuale, non produce che banalità.

L'io ribelle, un po' romantico e un po' maledetto, dopo essersi autoaffermato contro ciò che lo negava, si ritrova ad essere senza personalità, privo di riferimenti sociali, come se la sua parabola fosse tornata al punto di partenza, là dove l'accademismo celebrava la pura forma senza contenuto.

Con la differenza che tra quell'arte accademica e quella attuale sono passati due secoli di rivoluzione scientifica e tecnologica, che hanno intaccato il modo stesso di fare arte. Dai tempi di Monet ad oggi sono cambiate enormemente le forme e in nome di esse si è sviluppata l'illusione che il contenuto possa coincidere con queste stesse forme.

L'arte oggi è solo un effetto speciale, è mera finzione, un trucco da prestigiatore, e si pensa che proprio in questo modo essa possa dimostrare il proprio contenuto. Nella cinematografia, ma ora anche nell'arte digitale, questo è molto evidente. L'arte non fa che ingannare e in un sistema in cui ognuno di noi deve fingere di essere diverso da quello che è, l'artista non può essere un privilegiato che dice la verità.

E.G.

XX

Guardiamo la storia dell'artista, almeno sino all'impressionismo. Là dove l'etica statale ha dominato in maniera forte (sto pensando al mondo romano ma anche all'alto Medioevo, dove l'etica veniva gestita dalla chiesa), non si può certo dire che l'artista godesse di particolari riconoscimenti ufficiali.

L'artista era parte di un collettivo molto più vasto, trovava la sua ragion d'essere in questo collettivo e s'atteneva scrupolosamente a norme tradizionali, che poteva variare solo in minima parte. Il suo anonimato era una regola.

Ovviamente i contenuti artistici erano completamente diversi: il mondo romano ha sempre esaltato la forza, il dominio ecc. L'alto Medioevo, essendo un sistema basato prevalentemente sull'autoconsumo, non poteva avere questi valori.

Certo, nella Grecia classica ed ellenistica la situazione era più favorevole al riconoscimento sociale dell'artista come persona, ma va detto che la Grecia fu sempre uno Stato di città in un certo senso federate, tra loro autonome. Un'etica "statale", valida per tutte, non è mai esistita.

Non a caso la situazione della Grecia classica si è ripetuta nell'Italia rinascimentale, divisa in tanti staterelli, anche se il primo che pretese un riconoscimento sociale (ed economico) come artista individuale fu proprio Giotto.

Ma come mai in Italia si verificò un'esplosione artistica senza precedenti proprio nel corso del Rinascimento? Cercherò di spiegarlo in poche battute, esemplificando al massimo dei processi molto complessi e di lunga durata.

Quando si consumò la separazione tra cattolicesimo-romano e ortodossia greco-bizantina, in Europa occidentale la situazione si poneva a un duplice livello: 1) sul piano politico la chiesa latina voleva dominare il mondo (rifiutava p.es. il concetto di "diarchia"), 2) sul piano sociale veniva emergendo una nuova classe: quella borghese.

Dal 1054 alla svolta di Giotto occorsero quasi 300 anni prima che la borghesia riuscisse a imporre la propria concezione di vita in campo artistico. Questo perché, mentre la teologia era patrimonio degli intellettuali, l'iconografia era patrimonio delle masse e fino a quando non si è riusciti a contrapporre in maniera vincente i ceti borghesi alle masse contadine, non si poteva fare un'operazione culturale di quella portata rivoluzionaria.

In quei tre secoli abbiamo avuto numerosi movimenti ereticali che, se si fossero sviluppati sino in fondo, avrebbero sicuramente portato a una riforma di tipo protestante. Così però non è stato, poiché la repressione politica, sempre molto dura, li aveva bloccati sul nascere. La borghesia poteva espandersi sul piano economico-sociale, senza però rivendicare una vera autonomia culturale né, tanto meno, un potere politico.

La prima forma di autonomia culturale la raggiunse in campo artistico con Giotto. Questa rivoluzione artistica porterà poi all'Umanesimo e al Rinascimento, ma non a una rivoluzione politica vera e propria, che permettesse p.es. l'unificazione nazionale o l'affermazione di una monarchia centralizzata, che subordinasse a sé la chiesa, ecc. La borghesia in Italia è sempre stata una classe politicamente debole. Ma ormai non si poteva più tornare indietro. Le basi di una rivoluzione culturale (in senso laico-umanistico) erano state poste.

Ora, perché si parla di "follia creativa" dell'artista rinascimentale? Semplicemente perché l'arte era diventata l'unico sbocco possibile per un intellettuale borghese che non volesse vivere una vita completamente alienata, cioè scissa tra contenuto e forma, tra teoria e prassi, tra pubblico e privato, tra istanza di rinnovamento e poteri obsoleti.

Quando la politica è feudale e la società è borghese o si tenta la rivoluzione politica, oppure si cercano delle soluzioni culturali intermedie, nella speranza che siano transitorie. Ed è appunto questa seconda cosa che fecero gli artisti del Quattrocento e del Cinquecento.

È difficile dire quanto sarebbe potuta durare questa scelta di compromesso, se in Germania non fosse scoppiato il luteranesimo. Il terrore della chiesa romana di veder la Riforma stringere un patto col Rinascimento e l'Umanesimo fu la molla che la costrinse a fare marcia indietro, abolendo tutte le più avanzate conquiste culturali ottenute sino a quel momento.

Questo per dirti che l'artista rinascimentale pretese un riconoscimento sociale come individuo singolo, proprio perché non era stato capace di porsi alla guida di un movimento popolare avente finalità politico-eversiva. Nel 1435 l'Alberti, nel suo *De pictura*, decreta la nascita del mito dell'artista come "genio solitario" (poi si dirà: "ispirato come un veggente o un profeta"), raccomandando peraltro alle donne di limitarsi alla castità e al focolare domestico.

Nota che già l'Alberti chiedeva all'artista non solo di "imitare" l'arte, ma addirittura di "migliorarla" in virtù di effetti scenici prodotti da prospettive geometrico-spaziali. Era l'inizio dell'arte per l'arte, dell'illusionismo.

L'individualismo rinascimentale in campo artistico non poteva più essere tollerato da una chiesa feudale che promuoveva soltanto il proprio individualismo sul piano politico (il papa è in fondo un monarca assoluto), mentre sul piano sociale voleva la massificazione, il conformismo più piatto. La chiesa è rimasta a guardare, concedendo, *obtorto collo*, spazi di manovra sempre più ampi per i traffici commerciali, finché non è accaduto l'irreparabile, e cioè che la borghesia rivendicasse un'autonomia anche politica.

L'artista geniale, sregolato e un po' folle (alla Caravaggio, per intenderci) rappresenta uno dei due poli (molto minoritario) del modo di fare arte sotto l'egida della Controriforma; l'altro è quello convenzionale, astratto, sicuramente superficiale voluto dai poteri dominanti (pensa solo al manierismo, al barocco, al rococò). Un artista, quest'ultimo, che avrà assai poco da dire, almeno sino alla svolta impressionista.

E.G.

XXI

Se questo mondo va cambiato e non solo interpretato, l'artista, che è tale perché vuole trasmettere un messaggio per essere capito e forse anche per insegnare qualcosa a qualcuno, non può sottrarsi a questo dovere.

L'artista è un individuo pubblico per definizione, a meno che uno non faccia arte per goderne da solo, ma è raro vedere un comportamento del genere da parte di chi è consapevole di avere capacità artistiche.

A me non interessa sapere se uno avverta o meno inconsciamente d'essere un genio dell'arte, se si senta ispirato o meno quando produce arte: nessuno può sindacare su questi aspetti del tutto privati. Però m'interessa sapere se un artista pensa di contribuire con la propria arte, che vuole rendere pubblica, all'umanesimo laico e/o al socialismo democratico.

Le sue capacità, dal momento che vuole rendere fruibili le proprie opere, non possono non essere messe al servizio di un ideale di vita, in cui la stessa arte trovi la sua ragion d'essere.

Se poniamo gli artisti su un piedestallo, in modo che il popolo sia sempre costretto a guardarli dal basso, col pretesto che l'artista è geniale di natura e il popolo è rozzo per tradizione, noi continueremo a interpretare il mondo e non a trasformarlo.

Se il popolo non avverte l'arte come propria, significa che quell'arte non è "popolare", è un'arte élitaria, destinata a un pubblico selezionato, ad acquirenti danarosi... significa che gli artisti vivono in una torre d'avorio e non s'impegnano abbastanza per farsi capire. A questo punto se devo scegliere tra lo sfregio sulla tela di Fontana e un ex-voto, scelgo l'ex-voto, perché so che dietro c'è una storia popolare, un fatto di cronaca i cui protagonisti sono reali.

Col che non voglio dire che io creda ai miracoli, ma solo che un intellettuale non è di per sé migliore di un popolano, non ha più diritti di esprimersi come meglio crede e la sua produzione non ha più probabilità d'essere artistica.

Ora tu dirai che se fossi stato un nazista avrei qualificato come "degenerata" un certo tipo d'arte o messo al rogo un certo tipo di letteratura. In realtà se c'è una cosa che non ha senso è proprio quella d'imporre per legge o con la forza della politica un criterio definitivo per stabilire che cosa sia "arte" e che cosa no.

Qualunque imposizione in questi settori dell'attività umana ottiene sempre l'effetto contrario. I poteri costituiti al massimo possono tutelare i popoli le tradizioni gli usi e i costumi, ma tutte queste cose alla fine debbono tutelarsi da sole, perché se lo fanno solo i poteri costituiti, ciò significa che si sta delegando ad altri l'uso della democrazia, l'uso della propria libertà, di pensiero e di scelta.

È il popolo che, spontaneamente, deve arrivare a dire, consapevolmente, se un'opera d'arte è utile al bene comune o no. Chiunque lo faccia in nome del popolo, commette un abuso. Su questo non ho dubbi di sorta, perché se ne avessi su questa concezione della democrazia, non avrebbe per me senso alcuna edificazione del socialismo.

E.G.

XXII

E.G.) ... la vita dell'ultimo van Gogh è follia, è l'arte di un disperato per una vita senza senso.

G.N.) Eppure bisogna ammettere che quando era realmente "matto da legare" non dipingeva. Ma lo faceva solo quando era consapevole di ciò che stava dipingendo.

E.G.) ... preferisco i "Mangiatori di patate", anche se qui non c'è la stessa padronanza del colore, la stessa maestria nell'uso agitato del pennello.

G.N.) "I mangiatori di patate" non è un van Gogh; è un van Gogh legato ancora alla tradizione pittorica olandese.

E.G.) Per quale ragione dovrei giustificare l'iter artistico di van Gogh, facendo di questo pittore uno dei più grandi di tutti i tempi? Per quale motivo dovrei dar ragione a uno che in fondo non credeva ad altra ragione di vita che non fosse la sua stessa pittura?

G.N.) Beh, questi sono affari suoi. Non si è obbligati a giustificare o ad accettare nulla, tranne l'incanto e la bellezza della sua pittura.

E.G.) Perché devo sentirmi in colpa se non mi esprimo secondo i canoni della critica artistica occidentale?

G.N.) No, tu sei libero di preferire questo o quello. La faccenda è che in arte non esiste il negativo o il positivo, il bello o il brutto, quando si penetra nel mondo dell'arte tutto si trasforma in una armonia che riesce a far vibrare e palpitare gli spiriti che riescono a captarla.

E.G.) Se il popolo non avverte l'arte come propria, significa che quell'arte non è "popolare", è un'arte élitaria, destinata a un pubblico selezionato, ad acquirenti danarosi...

G.N.) Elitaria è l'arte che il popolo respinge come tale perché non riesce a comprenderla, e non riesce a farlo perché non ne ha la preparazione sufficiente. Comprendere l'arte non è cosa facile, perché è formata da elementi soggettivi ed oggettivi, quelli oggettivi (la tecnica) bisogna studiarli per poterli giudicare, quelli soggettivi dipendono anzitutto da una certa sensibilità personale, che poi bisogna coltivare, sviluppare, affinare, studiando, conoscendo. In poche parole tu vorresti un'arte per il popolo che non sarebbe altro che pacchianeria commerciale. E vorresti obbligare gli artisti a produrla in serie come oggetti kitsch, come se il nostro mondo non ne fosse già pieno zeppo. Nemmeno i muralisti messicani, con le loro idee e intenzioni sincere, riuscirono nell'intento.

Forse il popolo romano e i papi compresero l'importanza e la bellezza del Colosseo quando presero a distruggerlo (in gran parte)? Forse i popoli del romanico e del gotico comprendevano l'importanza e la bellezza delle loro cattedrali? Quando cambiava uno stile, o un'epoca, si distruggevano le opere del passato o si adattavano al nuovo stile.

L'unica cosa che ci salva dalla pacchianeria è l'arte, quella vera, autentica, non quella eccentrica, fatta per chiamar l'attenzione, e tanto meno quella di propaganda popolare voluta e diretta dal "maestro di musica di turno".

John Ruskin disse: "Le grandi nazioni scrivono le loro autobiografie su tre manoscritti: il libro dei fatti, quello delle parole e quello dell'arte. Non possiamo comprendere nessuno di questi libri senza leggere gli altri due, ma dei tre l'unico che merita fiducia è quello dell'arte".

E Benedetto Croce: "Molte volte è stato ripetuto che la pittura è un linguaggio che tutti capiamo, contrariamente a ciò che succede con la poesia. Per fortuna non sono necessari studi complicati per renderci conto che i quadri, le poesie e ogni opera d'arte in generale producono degli effetti solo sugli animi preparati".

E Freud: "La forza creativa dell'artista non segue sempre, disgraziatamente, la sua volontà; l'opera nasce come può e si 'scontra' spesso col suo autore, come qualcosa di indipendente, come qualcosa di estraneo".

E.G.) In realtà se c'è una cosa che non ha senso è proprio quella d'imporre per legge o con la forza della politica un criterio definitivo per stabilire che cosa sia "arte" e che cosa no.

G.N.) Il processo del "criterio definitivo" è lungo e complicato, bisogna aspettare che passi del tempo, a volte anche molti lustri; per poter giudicare serenamente, in una prospettiva storica, è necessario che siano passate le mode effimere del momento, occorre essere entrati in nuove situazioni socio-culturali, o in altre non nuove, ma che abbiano una certa relazione con quelle passate che produssero quelle determinate opere da esaminare e giudicare oggettivamente, ecc.

E.G.) È il popolo che, spontaneamente, deve arrivare a dire, consapevolmente, se un'opera d'arte è utile al bene comune o no.

G.N.) Dammi degli esempi di un popolo colto che abbia deciso che era arte per lui o che non lo era. L'arte, quella vera, presto o tardi viene riconosciuta, molte volte anche dopo la morte dell'artista. Il fatto è che quello che oggi, criticamente, può essere considerato un obbrobrio o un errore, domani potrebbe essere considerato come un'innovazione valida, una qualità. Mentre quello che oggi consideriamo criticamente un successo, domani potrebbe essere considerato come una moda effimera del momento. La maggioranza dei critici, che erano contrari all'impressionismo (e la quasi totalità del popolo francese), aveva ragione, perché la sua critica si basava su norme tradizionali universalmente accettate in quell'epoca, ma grazie agli impressionisti la visione del mondo e dell'arte stava cambiando, e a poco a poco i critici e il popolo si resero conto che effettivamente non erano stati ugualmente lungimiranti e profeti (cosa del resto quasi impossibile e assurda per persone che vivono in un determinato ambiente culturale). Solo poche persone, tra le quali i grandi artisti, posseggono tali doni. E allora vorresti tu distruggere questi doni che anticipano i tempi e cambiano le regole stabilite (in arte), obbligandoli a produrre, non a creare, merce tradizionale che si vende, ma che non apporta nessun cambio radicale, soprattutto quando l'arte comincia a fossilizzarsi, a ripetersi, a diventare un prodotto artigianale di consumo?

E.G.) ... una persona priva di riferimenti sociali, di tradizioni... (in questo caso l'artista) è una semplice astrazione, e chi ha legami con realtà sociali non può sentirsi libero di dipingere come vuole, perché questo modo di porsi sarebbe arbitrario, in contrasto con l'appartenenza a un collettivo.

G.N.) E se non lo sente? Se gli interessano altre cose, non sociali, ma ugualmente umane, vitali, che tutti sentiamo, ma che non sappiamo esprimere? Se ci fa vedere cose che noi non vediamo, ma che poi le sentiamo nostre e le apprezziamo? No, l'artista non deve necessariamente legarsi al "sociale" (in tal caso finirebbe d'essere artista), né gli interessa un riconoscimento mondiale. In tal caso si dovrebbero giustificare gli artisti del realismo fotografico dittatoriale e condannare tutta l'arte che i nazisti classificarono come "degenerata" e che i comunisti proibirono perfino a Malevich.

E.G.) Per quale ragione se io fossi un amministratore locale tenderei a fare dei privilegi ingiustificati scegliendo tra due forme artistiche quella più vicina alle tradizioni popolari, al sentire comune? Perché mai una politica culturale dovrebbe premiare uno sradicato, un individualista, un antisistema?

G.N.) Francamente credo che sbagli di grosso. Lascia vivere e creare anche chi non è d'accordo con le tue idee. L'artista non è un politico, un propagandista, uno scrittore socio-politico, uno storiografo, né un sociologo, e tanto meno uno psicologo, è semplicemente e solo un artista, che, se le sente intensamente, può aver anche idee extra-artistiche e le può e deve esprimere, sempre e quando le assimili e le trasformi in termini estetici.

E.G.) La democrazia ha sempre dei prezzi da pagare, ma questo non significa che la società non debba sentirsi in dovere di dire all'artista che cosa è "arte" e che cosa non lo è. Non per imporre delle regole, ma per chiarire dei limiti oltre i quali non si fa "arte" ma qualcos'altro.

G.N.) Giusto, ma non è la società che lo stabilisce a priori, ma la critica filosofica, l'estetica e la prospettiva storica, che viene e si consolida col passar del tempo.

E.G.) Perché mai una persona di talento dovrebbe disperdere le proprie energie nei mille rivoli del libero arbitrio e pretendere, nel contempo, una considerazione pubblica non meno grande di quella tributata ad artisti che rispettano delle "regole comuni"?

G.N.) Perché per l'artista l'arte non è un mestiere, o una professione, non è neppure un titolo nobiliare, è un'autentica vocazione, è una benedizione o una maledizione della sua esistenza, alla quale non può sottrarsi, salvo che con la morte. O, come succede spesse volte, con la fine della vocazione, che si esaurisce con gli anni, che lo obbliga a ripetersi, a copiarsi, a tornare indietro nel tempo.

E.G.) Se uno dovesse basarsi esclusivamente sulle proprie tendenze, inclinazioni, interessi momentanei... sarebbe una persona dispersiva, geniale sì ma incapace di fare scuola, di avere discepoli, di fare della sua arte uno strumento al servizio delle esigenze della gente comune.

G.N.) Al contrario, i grandi artisti dei secoli XIX e XX hanno fatto scuola presto o tardi, hanno avuto discepoli tra i giovani, mentre i conformisti, i "pompier" del secolo XIX hanno avuto un successo momentaneo, esaltati dall'accademia ufficiale e perfino da Napoleone III, ma molto presto sparirono dalla circolazione. Chi apporta idee nuove, valide, trionferà col passar del tempo, malgrado l'opposizione conservatrice quasi generale. I casi di Manet, degli impressionisti e poi di van Gogh, Gauguin, Cézanne, ecc., senza parlare dei pittori delle avanguardie del secolo XX, sono stati degli esempi tipici. Per molti il successo venne *post-mortem*. Ciò significa che solo col tempo si cominciò a comprendere la loro arte, il loro valore, le loro idee.

E.G.) Chi è l'artista? Uno che comunica solo con altri artisti e che contatta la gente comune solo per cercare di vendere le proprie opere? uno che vuol mettersi in luce nella speranza di ottenere un contratto da parte di qualche committente? o forse uno che fa l'artista a tempo perso, quando non lavora?

G.N.) Né l'uno né l'altro, è solo colui che si sente artista e lo è realmente, fregandosene, se può, delle opinioni di tutti gli altri; in caso contrario ingegnandosi di arrivare a qualche compromesso.

E.G.) L'arte non deve essere un'eccessiva astrazione, un gioco intellettualistico (alla Kandinsky), non deve essere troppo sperimentale, perché se lascio libero l'artista di esercitare la propria creatività al di fuori di qualunque regola, convenzione... alla fine avrò un'arte che solo lui riuscirà a capire, anzi, un'arte che neppure lui riuscirà a capire, perché la creatività gli sarà sfuggita di mano. Si finirà coll'incollare i tubetti del colore sulla stessa tela o col tagliarla nel mezzo con un coltello, facendo passare queste azioni istintive per gesti dettati da una profonda ispirazione.

G.N.) Ancora una volta i tuoi esempi non si limitano a restare nel "giusto mezzo", ma cercano i casi estremi dell'antiarte, del para-arte (nel senso della parola greca *parà*), secondo il concetto errato che certi artisti avevano, per i quali arte era tutto ciò che si faceva, e non s'era mai fatto, per il semplice fatto di averlo fatto, e artista era colui che semplicemente affermava che era artista, solo per il fatto di dirlo o che un suo amico lo dicesse.

Quegli artisti, o pseudo tali, sono spariti dalla circolazione, e ogni volta ne appaiono di nuovi quando i giovani ribelli si rendono conto che non possono superare la fama dei grandi del passato, convinti che nell'arte tradizionale tutto è già stato detto e fatto, applicando le regole accademiche, convinti cioè che non ci sono altre vie d'uscita, se non quelle d'inventare soluzioni strampalate a-artistiche o anti-artistiche.

Ma poi tali soluzioni le dobbiamo chiamare opere d'arte? O sono solamente delle soluzioni non valide in sé, ma come forme di eccentricità che servono ad altri veri artisti che, partendo da quegli esempi, come fonti d'idee, cominceranno nuovi esperimenti, prenderanno nuovi cammini, giungeranno a risultati positivi? Esempi di queste eccentricità, non valide in se stesse come opere d'arte, ma come esempi di tentativi di ridicolizzare l'arte o esempi come spunti per intraprendere nuove ricerche e cammini, sono l'urinario di Duchamp o la testa di toro di Picasso. All'artista il riconoscimento sociale non importa affatto. Gli importa la sua arte.

Secondo te anche il musicista dovrebbe comporre musica esaltando la cultura e le tradizioni popolari? I grandi geni della musica sarebbero allora soltanto i compositori di canzoni popolari, di inni patriottici e di musiche religiose.

E.G.) E se la nuova arte è rifiuto di pennello e colori, chi meglio degli Stati Uniti può rappresentarla? Dall'Arte informale alla Pop-art, dall'arte in celluloide a quella in digitale, gli Usa sono dei campioni nel trasformare l'arte in un effetto speciale, dove scienza e tecnica raggiungono la loro apoteosi.

G.N.) Già siamo al ritorno della pittura tradizionale, ma con effetti e temi presi dal cinema, dalla tv, dai giornali, ecc. e qualcuno, come nella nostra transavanguardia, prende i temi da certa tradizione culturale nazionale. Comunque l'arte oggi, avendo consumato rapidamente tutti gli -ismi, ritorna agli stili passati, aggiornati e reinterpretati, come le numerose correnti neo. È vero comunque che gli Usa volgarizzano o trasformano in pacchianeria tutto ciò che trovano.

E.G.) A questo punto è meglio acquistare una scultura africana in legno tra gli improvvisati mercatini estivi di senegalesi e kenioti. Nessuno potrà dirci che siamo pazzi, visto che lo stesso Picasso non avrebbe potuto dipingere *Les Demoiselles d'Avignon* (1907) senza prima aver guardato favorevolmente l'arte africana primitiva.

G.N.) Picasso negava sempre tutto, e negò che la sua epoca "nera" fosse stata influenzata dalle sculture negre africane viste a Parigi. Certamente però un'influenza dell'arte iberica pre-romana è chiaramente visibile nelle *Signorine d'Avignon*.

E.G.) ... se dovessi scegliere tra il movimento interiore dello sguardo russo del *Cristo* di Rublev e il movimento esteriore della *Materia* di Boccioni, quale dei due pensi mi dia più serenità e meno angoscia?

G.N.) La scelta è una questione personalissima, e dipende inoltre dallo stato d'animo in un momento determinato; il compito del critico è quello di cercar di dimostrare se si tratta o meno d'una opera d'arte.

Anzitutto e soprattutto un'opera d'arte dev'essere una creazione autentica, intensamente sentita, non prefabbricata anticipatamente dall'autore (e meno che mai imposta da altri), e di valore estetico. Altrimenti apparterrebbe ad altre categorie: artigianato, propaganda, pubblicità, disegno grafico, disegno industriale, divertimento, pornografia, ecc. Si potrebbe dire, per esempio, che il cartello americano, della prima guerra mondiale, con lo zio Sam che, con l'indice teso verso lo spettatore, dice *I want you!* possa produrre un effetto persino più grande di quello della Gioconda, ma stiamo parlando di due opere che appartengono a categorie diverse ed hanno logicamente scopi diversi. Un'opera d'arte, come scrisse Werner Jaeger, deve essere una specie di *paideia*, una forma di conoscenza, una forma di educazione e inoltre deve produrre una fruizione alla persona che abbia affinato la sua sensibilità e ne abbia avuto una preparazione adeguata.

E.G.) Voglio dirti insomma che l'arte non deve stupirmi con effetti speciali, non deve avere troppo movimento, ma non deve neppure essere statica, come quando si dipingono i paesaggi senza figure umane, a meno che gli elementi della natura non siano trasposizioni di un sentire interiore, ma in questo caso bisogna stare attenti a non cadere in una simbologia artificiosa.

G.N.) "Deve, non deve", non ci sono regole o leggi prestabilite, neppure per l'autore: ogni opera d'arte ha le sue norme, che nascono con essa ed esclusivamente con essa, in quel determinato e irrepetibile momento. Logicamente tu puoi dire "a me piace di più o di meno", ma il tuo è solo un punto di vista esclusivamente personale che può anche esser condiviso da altri, ma ciò non cambia il giudizio critico generale che s'è formato attraverso l'universalità di una prospettiva storica.

E.G.) Il ritratto per me è la cosa più bella, perché quando lo guardo gli posso parlare, come fossi una sorta di "moderno animista".

G.N.) E pensare che i nostri futuristi dicevano che il ritratto poteva ancora (dopo la scoperta della fotografia, usata anche dagli artisti) essere valido, sempre e quando non somigliasse affatto al modello. In generale questi effetti che tu dici non sono che abili virtuosismi di pittori moderni, con l'aiuto di mezzi tecnici attuali, in particolare del pantografo e della fotografia.

G.N.

XXIII

Io penso che un essere umano sufficientemente consapevole di sé e privo di interessi materiali che vadano oltre la necessità della propria sopravvivenza, si senta in un certo senso responsabile per le sorti dell'umanità, qualunque azione possa compiere nel suo piccolo ambito spazio-temporale.

Cioè voglio dire uno può sentirsi responsabile per il partner, i figli, i propri genitori, gli amici, i concittadini, ma poi ad un certo punto la sfera s'allarga e finiamo col sentirci responsabili, in un modo o nell'altro, anche di persone molto lontane, che non conosciamo.

Questo è tanto più vero quanto più si ha consapevolezza che sulla terra le cose sono legate tra loro: con le due guerre mondiali, ma anche prima, col colonialismo europeo, questo ci è diventato molto evidente. Ci siamo accorti che un evento lontano da noi può fungere da detonatore per un effetto più o meno grande in un luogo molto lontano.

Ebbene se questo è vero per le guerre, la tecnologia (ma pensa anche ai disastri ambientali, come gli incidenti nucleari o quelli connessi al trasporto del petrolio), perché non deve esserlo anche per l'arte?

Se uno si sente responsabile per le sorti dell'umanità, perché non dovrebbe sentirsi legittimato quanto rifiuta l'idea di dover accettare qualunque tipo di produzione artistica, espressa in qualsivoglia forma?

Per quale motivo dovrei accettare l'idea che anche nel caso in cui una determinata produzione artistica giunga ad un certo punto a negare un vero valore all'arte, gli uomini saprebbero comunque ricominciare da capo e riscoprire in loro stessi nuove linfe vitali in senso artistico?

Questa condiscendenza alla prassi dell'arbitrio artistico non posso condividerla, anche se mi rendo conto che effettivamente gli uomini sono in grado di far tesoro dei loro errori, e ripresentare in nuove forme artistiche la loro dimenticata umanità.

Se uno vuole sentirsi libero di esprimersi come gli pare, anch'io voglio sentirmi libero di dire ciò che può servire al bene comune e ciò che invece serve alla sola affermazione dell'artista. Dico questo proprio in relazione al discorso introduttivo, secondo cui se ogni cosa è interconnessa, un'espressione artistica negativa potrebbe avere un riflesso negativo su altri aspetti della vita sociale, del mio e di altri paesi.

In altre parole, a me non piace l'idea di dover applicare dei criteri etici solo a quel tipo di arte che appare evidentemente contraria al buon gusto, al senso comune ecc. L'arte non è solo il bello ma anche il vero, il buono e l'utile. Uno può agire in campo artistico come vuole, ma deve comunque sapere che non è questo il modo di rappresentare le esigenze del popolo.

Tu mi critichi di avere una concezione strumentale dell'arte. Io potrei dire che tu vedi l'artista come una Vestale intoccabile, come un profeta veterotestamentario o, paradossalmente, come lo scemo del villaggio, tutti autorizzati a dire quello che vogliono, a condizione che il loro dire e il loro fare resti entro i limiti dell'espressione individuale. Perché togliere all'artista la possibilità di un'incidenza sulla vita sociale? Se fra artista e pubblico c'è poca comprensione, si tratterà di migliorare la comunicazione, la fruizione dell'opera d'arte, di dare concretezza all'ispirazione artistica.

Ti dico questo perché soprattutto oggi, dove il concetto vero di "arte" è talmente morto e sepolto che ciò che più interessa non è tanto la sua produzione quanto piuttosto la sua "riproduzione". Un oggetto d'arte non riproducibile o vale cifre astronomiche (se è stato debitamente reclamizzato), quelle cifre battute nelle aste, dove però anche la poltrona di Kennedy o il reggiseno di Marylin possono costare come un grande capolavoro impressionista, oppure non vale nulla, ovvero è soggetto a delle oscillazioni di prezzo talmente grandi da far pensare a una "bufala".

Oggi chi acquista ciò che gli piace, ciò che gli trasmette qualcosa e non acquista invece ciò che secondo i critici avrà un futuro nelle quotazioni di mercato, è sicuramente uno che non capisce nulla di arte, perché il vero concetto di arte oggi non lo fa l'artista quanto il critico, il gallerista, il direttore di un museo, i network dedicati al tema, cioè gli affaristi del mestiere.

Oggi l'arte ha smesso di essere spontanea e l'artista produce ciò che il mercato richiede. La cultura occidentale, sotto questo aspetto, non ha più niente da dire, né sul piano etico né su quello estetico: l'unica cosa che può fare è mettersi ad ascoltare le esigenze della gente comune. La rappresentazione dei bisogni, delle contraddizioni, del lavoro, delle aspettative di una vita migliore possono costituire un input formidabile per la ripresa della "vera arte".

Ma ci vuole coraggio. Nessuno oggi accetterebbe la proposta di diventare il più grande artista del XXI secolo a condizione che per tutta la sua esistenza egli sia costretto a fare la fame (che poi è stata per gran parte la vita di van Gogh).

E.G.

XXIV

Certo, non si può negare a nessuno di esprimersi liberamente, né si può obbligare qualcuno a far parte di un collettivo, Non si può chiedere all'artista di essere un uomo socialmente o politicamente impegnato, anche se può esserlo culturalmente, visto che ha scelto uno strumento culturale per esprimersi.

Quando Picasso dipinse *Guernica* pretese di schierarsi politicamente contro il nazifascismo. Cioè è del tutto naturale che un artista voglia esprimersi in maniera culturale e di tanto in tanto o a seconda del momento, dell'occasione, pretenda di farlo anche politicamente.

Infine, se si vuole organizzare intorno alla propria arte una scuola, un movimento, dei dibattiti, una produzione teorica (si pensi solo a quella importantissima di Kandinsky), è del tutto legittimo che un artista lo voglia fare. Il futurismo, p.es., fu anche un intervento sul sociale e sul politico.

Però voglio chiederti: tutto questo l'artista deve cercarlo da solo? Per quale ragione dobbiamo dare per scontato che nella società borghese l'artista debba prima porsi come individuo singolo e solo successivamente egli possa darsi una veste per così dire "pubblica", "sociale" ecc.? Per quale ragione un impegno sociale deve per forza passare per atteggiamenti individualistici quanto meno discutibili? Da noi persino chi vuol far politica seriamente, si trova ad avere un pregresso da attore, showman, velina, cabarettista, comico...

In occidente l'artista non è mai l'esponente di un collettivo che si dedica all'arte e che in questa arte rappresenta le istanze, le storie, le vicissitudini di questo collettivo, e della sua tradizione. Da noi si cerca di diventare artisti per imporsi all'attenzione del pubblico come individui singoli. Nel momento stesso in cui uno decide di compiere un'opera d'arte che vuol rendere nota al pubblico, esiste già un conflitto, una tensione tra l'artista e il pubblico, proprio perché l'artista avverte il pubblico come "estraneo", come il "diverso" che deve conquistare.

In questo rapporto conflittuale è del tutto naturale che l'artista si sforzi di apparire "eccessivo", "estremo", "unilaterale", proprio perché spera in tal modo di poter catalizzare su di sé l'attenzione del pubblico. Atteggiamenti del genere sono la regola nel mondo della musica leggera, ma li troviamo persino tra i politici.

Il pubblico non riesce a produrre artisti che lo rappresentino, ma semmai avviene il contrario: nel pubblico l'artista rappresenta solo se stesso, poi, se trova consenso, e se egli ha bisogno del pubblico per vivere, ecco che l'artista scende subito a compromessi.

Un artista alla van Gogh, alla Ligabue oggi non avrebbe senso. Se uno vuol fare arte per il gusto di fare arte, prima di tutto deve avere un lavoro fisso o remunerativo con cui campare in tranquillità. Egli può rappresentare se stesso come artista, nella sua sfera privata, proprio perché in quella pubblica dedica metà della giornata a rappresentare lo Stato, l'ente locale, la banca ecc.

Da noi le migliori opere artistiche di un qualunque artista oggi sono le primissime, quelle degli esordi, quelle del suo periodo giovanile, le uniche fatte nella libertà individuale, ma appena l'artista si afferma, le sue opere diventano standardizzate.

Il concetto di "standard" cioè di "riproducibilità" oggi è il criterio vincente per dire con sicurezza se un'opera d'arte avrà successo oppure no. Di qui il grande sviluppo dell'arte digitale, che è riproducibile per definizione.

Quando dunque si afferma un rapporto stretto tra artista e pubblico, non si realizza l'esigenza di rappresentare il pubblico nell'arte, ma quella di rappresentare gli interessi di una parte del pubblico, quella che ha maggiore potere economico.

E.G.

XXV

E.G.) ... una persona priva di riferimenti sociali, di tradizioni... (in questo caso l'artista) è una semplice astrazione, e chi ha legami con realtà sociali non può sentirsi libero di dipingere come vuole, perché questo modo di porsi sarebbe arbitrario, in contrasto con l'appartenenza a un collettivo.

G.N.) Sarà arbitrario, ma è proprio così. L'artista deve poter esprimere ciò che sente, certo potrebbe esprimere ciò che non sente, ma ne risulterebbero opere artigianali prive di qualsiasi valore estetico, fatte per compromessi assunti o su incarico o per ordine di qualcuno.

E.G.) Un artista deve tener conto del contesto in cui vive, non solo come ambito accidentale, inevitabile, ma come metro di misura della validità della sua opera...

G.N.) No, qui non andiamo d'accodo.

E.G.) ... s'egli pensa di poter vivere senza contesto, non può poi pretendere un riconoscimento sociale.

G.N.) L'artista non pretende nulla, se pretendesse qualcosa si sacrificherebbe e dipingerebbe pacchianerie. Come ti dissi l'artista dipinge solo per lui e per tutti quelli che lo comprendono... Ne hai numerosi esempi da Manet in poi. (Nel caso di giovani pittori locali, che non sono conosciuti ed hanno bisogno di vendere per campare, io consiglio loro di dipingere anche ciò che sanno che potrebbero vendere, ciò che è commerciale, ma con una firma e un catalogo diversi; e ciò che sentono realmente, e che magari non vendono, da inviare alle gallerie d'arte, in un altro catalogo e con un'altra firma).

E.G.) Per quale ragione se io fossi un amministratore locale tenderei a fare dei privilegi ingiustificati scegliendo tra due forme artistiche quella più vicina alle tradizioni popolari, al sentire comune? Perché mai una politica culturale dovrebbe premiare uno sradicato, un individualista, un antisistema?

G.N.) Credo proprio che tu stia esagerando un po'.

E.G.) Certo, si può andare controcorrente, si può e anzi, quando occorre, si deve contestare il sistema e anche rovesciarlo, ma che senso ha farlo individualmente?

G.N.) Io credo che siano gli individui che fanno le rivoluzioni e non solo quelle artistiche.

E.G.) È possibile che l'etica si formalizzi, si svuoti di contenuti veri, e quindi è naturale che l'estetica svolga una funzione critica, demolitrice, ma chi darà all'etica la forza di riprendersi se non se stessa?

G.N.) Credo che tu stia prendendo, come esempi, determinati eccessi esibizionistici-anarchizzanti del secolo XX come "pretese" di essere arte, quando invece la loro pretesa era quella di creare un'antiarte, un'antiestetica, un antiartista, dato che l'arte tradizionale era giunta alla fine d'un vicolo cieco, senza poter trovare una via d'uscita.

E.G.) Perché mai una persona di talento dovrebbe disperdere le proprie energie nei mille rivoli del libero arbitrio e pretendere, nel contempo, una considerazione pubblica non meno grande di quella tributata ad artisti che rispettano delle "regole comuni"?

G.N.) Con ciò distruggeresti un essere umano che avesse un'autentica vocazione, alla quale non potrebbe rinunciare per nessuna cosa al mondo, mentre daresti del lavoro, culturalmente inutile, a una persona senza talento e senza carattere che si piegherebbe ai tuoi desideri.

E.G.) Chi è l'artista? Uno che comunica solo con altri artisti e che contatta la gente comune solo per cercare di vendere le proprie opere? uno che vuol mettersi in luce nella speranza di ottenere un contratto da parte di qualche committente? o forse uno che fa l'artista a tempo perso, quando non lavora?

G.N.) Credo che generalizzi troppo ed hai un concetto un po' strano dell'artista.

E.G.) L'arte non deve essere un'eccessiva astrazione, un gioco intellettualistico (alla Kandinsky)...

G.N.) Eppure quante influenze, quanti discepoli e quante correnti ha lasciato dopo di lui, durante tutto il XX secolo...

E.G.) Un artista non deve essere troppo sperimentale, perché se lascio libero l'artista di esercitare la propria creatività al di fuori di qualunque regola, convenzione... alla fine avrò un'arte che solo lui riuscirà a capire, anzi, un'arte che neppure lui riuscirà a capire, perché la creatività gli sarà sfuggita di mano.

G.N.) Questo tipo di artista extra-eccentrico può apparire come un'eccezione e presto sparisce, non lascia tracce importanti. In generale i veri artisti sono persone serie.

G.N.

XXVI

Che cosa vuole il pubblico dall'arte? L'arte è forse una droga che si assume in momenti di sconforto e solitudine? Una droga per intellettuali, come lo era per il popolo l'arte religiosa?

Non a caso la pittura di Giotto venne definita dai critici col temine di "intellettuale", cioè, pur trattando temi religiosi, essa in realtà intendeva riferirsi a un pubblico abbastanza colto, quale appunto fu la borghesia del suo tempo.

Oggi cosa vuole il pubblico? Condizionati come siamo dalla mentalità borghese, spesso noi chiediamo che al piacere estetico sia associata la possibilità di fare un investimento. È raro che una persona comune, avendone la possibilità, pensi di acquistare un dipinto costoso solo per il gusto di tenerlo in casa: uno pensa di fare anche un affare. Anche perché tenere i soldi in banca o giocarli in borsa è pura follia.

Dunque siamo disposti a comprare non solo perché una determinata opera ci piace, ma anche perché chi ce la vende ci assicura che aumenterà di valore.

E se il piazzista dell'arte arriva persino a dirci che sarebbe meglio per noi acquistare un quadro non tanto perché ci piace quanto piuttosto perché ci sono buone possibilità di fare un affare, forse alla fine ci lasciamo addirittura convincere e sacrifichiamo il nostro amore per l'arte sull'altare del probabile business, nella speranza o nell'illusione di poter un giorno rivendere il quadro a prezzi decuplicati.

Oggi non solo non esiste più un'arte per il popolo, ma non esiste neppure un'arte per l'arte. Oggi l'unica arte che esiste è quella che si deve vendere, quella recensita dai critici, quella catalogata, quella raccolta nei musei prestigiosi, quella esposta nelle gallerie appositamente per essere venduta, quella trattata nelle Case d'Aste.

Certo, non è possibile sostenere che l'individualismo estetico degli artisti, a partire da Giotto, abbia portato alla mera strumentalizzazione dell'arte a fini commerciali, ma è altresì vero che questo individualismo non ha saputo opporsi al modo di vita borghese, e anzi oggi non fa che giustificarlo ulteriormente.

Come sai, non ho commentato nel sito solo le opere di Giotto o di van Gogh, ma anche quelle di Otto Nagel e della Kollwitz, che sono pittori per il popolo e che oggi, se esistessero, morirebbero di fame, perché il popolo stesso non li riconoscerebbe come propri.

Oggi siamo talmente condizionati dalla mentalità borghese che ci piacciono soprattutto gli effetti speciali, ci piace illuderci su ciò che non c'è, sull'apparenza. E non a caso al dipinto abbiamo preferito la cinematografia, l'arte digitale. Quest'ultima tipologia di arte ci ha addirittura illuso che sia sufficiente possedere una qualche tecnologia avanzata per diventare artisti in poco tempo, come se l'arte non fosse che il risultato di logaritmi e di pixel. La tecnologia digitale ci illude di poter trasformare in qualcosa di artistico un prodotto artigianale, un prodotto privo di particolare ispirazione ma dotato di *know how* tecno-scientifico.

La concezione di artista che hai te è superata dal fatto che tutta l'arte oggi è inesorabilmente un prodotto commerciale e artisti come van Gogh (maledetti romantici) non potranno mai più esistere, a meno che sconvolgimenti storici epocali non rimettano tutto in discussione. Ma in tal caso la futura arte dovrebbe contribuire alla diffusione dei valori umani e sociali, che impediscano appunto dei capovolgimenti del genere, sempre molto dolorosi e distruttivi.

Oggi l'arte che rifiuta il sistema borghese non entra in nessun circuito, non fa tendenza, non fa scuola e non dà da mangiare all'artista. Ecco perché preferivo l'artista anonimo dei tempi classici, quello che lavorava in un'équipe per la realizzazione di un'opera comune, il cui significato andava ben oltre qualunque talento individuale.

E.G.

XXVII

E.G.) Non si può chiedere all'artista di essere un uomo socialmente o politicamente impegnato, anche se può esserlo culturalmente, visto che ha scelto uno strumento culturale per esprimersi.

G.N.) Oggi la cultura ha un senso molto più ampio che nel passato. Dal punto di vista sociologico la cultura oggi può essere una poesia patriottica, un sonetto d'amore, un campo sportivo, un marciapiede.

E.G.) ... è del tutto naturale che un artista voglia esprimersi in maniera culturale e di tanto in tanto o a seconda del momento, dell'occasione, pretenda di farlo anche politicamente.

G.N.) Può essere naturale, in determinati casi, ma non generale. Se Picasso fosse stato Dalí, avrebbe, come fece, elogiato Franco e il Papa. La maggior parte dei pittori famosi dell'epoca se ne fregarono della politica pro e contro.

E.G.) ... se si vuole organizzare intorno alla propria arte una scuola, un movimento, dei dibattiti, una produzione teorica (si pensi solo a quella importantissima di Kandinsky), è del tutto legittimo che un artista lo voglia fare.

G.N.) Certamente è libero di farlo, ma non è obbligato a farlo. E la sua importanza e valore artistici futuri non dipendono affatto dal suo sincero o preteso impegno socio-politico.

E.G.) In occidente l'artista non è mai l'esponente di un collettivo che si dedica all'arte e che in questa arte rappresenta le istanze, le storie, le vicissitudini di questo collettivo, e della sua tradizione.

G.N.) Tu vorresti che l'artista fosse solo chi è capace di trasformarsi in un cantastorie col suo organetto o col suo pennello.

E.G.) [Nell'arte occidentale] il pubblico non riesce a produrre artisti che lo rappresentino, ma semmai avviene il contrario: nel pubblico l'artista rappresenta solo se stesso, poi, se trova consenso, e se egli ha bisogno del pubblico per vivere, ecco che l'artista scende subito a compromessi.

G.N.) Credo proprio che tu stia confondendo l'artista coll'artigiano, col virtuoso (secolo XIX). Non hai compreso che il vero artista "nasce", che la sua è una vocazione alla quale non può sottrarsi, finché dura; infatti non è una vocazione "vita natural durante", come un titolo nobiliare; a un certo momento della sua vita può esaurirsi, finire, sparire.

Inoltre c'è un altro problema: oggi, che si parla dell'internazionalizzazione dell'arte e degli artisti, metti il caso di un artista che viene dall'Africa o dall'Asia e se ne va a vivere in Polinesia o al Polo, secondo te dovrebbe - per continuare ad essere un artista - imparare la cultura locale e "cantarla" o dipingerla per dar gusto alle genti del luogo?

E.G.) Un artista alla van Gogh, alla Ligabue oggi non avrebbe senso. Se uno vuol fare arte per il gusto di fare arte, prima di tutto deve avere un lavoro fisso o remunerativo con cui campare in tranquillità.

G.N.) Questi sono problemi che può avere o non avere ogni artista, in ogni epoca.

E.G.) Da noi le migliori opere artistiche di un qualunque artista oggi sono le primissime, quelle degli esordi, quelle del suo periodo giovanile, le uniche fatte nella libertà individuale, ma appena l'artista si afferma, le sue opere diventano standardizzate.

G.N.) Anche questo è un problema individuale, che non si può generalizzare.

E.G.) Il concetto di "standard" cioè di "riproducibilità" oggi è il criterio vincente per dire con sicurezza se un'opera d'arte avrà successo oppure no. Di qui il grande sviluppo dell'arte digitale, che è riproducibile per definizione.

G.N.) Un'altra moda (effimera) del momento.

E.G.) Quando dunque si afferma un rapporto stretto tra artista e pubblico, non si realizza l'esigenza di rappresentare il pubblico nell'arte, ma quella di rappresentare gli interessi di una parte del pubblico, quella che ha maggiore potere economico.

G.N.) È ed è stato sempre così.

G.N.

XXVIII

L'altro giorno m'è capitato di leggere in un quotidiano alcuni stralci dell'interrogatorio che i giudici del Sant'Uffizio fecero al Veronese riguardo alla sua *Ultima Cena*. La diatriba può forse aiutarci a capire i rapporti tra artista e potere.

Si tratta, come noto, di un dipinto a soggetto religioso, per la cui "ortodossia", rispetto ai canoni interpretativi dominanti, doveva farsi carico, in ultima istanza, la stessa istituzione ecclesiastica. Cioè il soggetto religioso non era semplicemente una donna orante o cose simili, ma niente di meno che il Cristo in occasione della sua ultima cena.

Il pittore aveva dato di questo episodio evangelico la propria, personale, interpretazione, e i giudici ecclesiastici s'erano sentiti in dovere di contestarlo.

Prescindendo ora da ciò che si dissero, mi chiedo: sul piano del metodo era giusta questa procedura? Secondo me sì. Dipingendo qualcosa che riguardava uno dei temi della fede cattolica, il pittore era automaticamente entrato in una sfera pubblica, per cui la sua opera doveva necessariamente essere sottoposta a un giudizio di merito.

Ma il Veronese non voleva essere giudicato. Non s'era neppure posto il problema di dover rispettare una qualche tradizione teologica, se non in maniera molto approssimativa. Siamo nel 1573 ed è da un pezzo che non si rispetta più la tradizione bizantina e che la tradizione cattolico-romana, quella realista-borghese inaugurata da Giotto, s'è progressivamente evoluta verso forme sempre meno legate a tradizioni consolidate. Tant'è che lo stesso Veronese ad un certo punto si sente in diritto d'affermare, in riferimento ai nudi dipinti da Michelangelo nella Cappella Sistina, che "vi sono atteggiamenti diversi... non troppo conformi al rispetto della devozione".

Il Veronese in pratica fa questo ragionamento (ovviamente davanti ai giudici è costretto a fingere una certa ingenuità, al punto da paragonarsi "ai poeti e ai matti" che si prendono certe licenze): "se Michelangelo ha potuto non rispettare la tradizione, perché devo farlo io?". Poi, con fare furbesco, tenta di ribaltare l'accusa invocando il diritto-dovere d'essere fedele a una tradizione, quella appunto michelangiolesca: "È un dovere per me seguire l'esempio dei miei predecessori", dice.

Ciò di cui in sostanza veniva contestato (nello stralcio riportato) erano alcune cose piuttosto evidenti: una figura che perde sangue dal naso; alcune figure armate o vestite secondo la moda tedesca; una addirittura vestita da buffone con un pappagallo in mano; altre sono ubriache, ecc.

Rendendosi conto, forse, che il Veronese poteva non avere tutti i torti quando parlava di Michelangelo [4], il giudice è costretto ad arrampicarsi sugli specchi, osservando che nel *Giudizio Universale* potevano anche starci i nudi, visto che si trattava di una scena fantastica, proiettata nell'aldilà.

In realtà la motivazione reconda dell'interrogatorio è ben visibile là dove il giudice si riferisce al fatto che nella Germania luterana era diventata prassi consueta dipingere delle "buffonate" per "avvilire e ridicolizzare" la chiesa romana e "insegnare falsità alle persone ingenue o ignoranti".

In sostanza Veronese veniva accusato d'eresia e di fronte a un'accusa del genere, nel clima controriformistico d'allora, c'era poco da scherzare, sicché, dopo essersi scusato d'aver agito senza riflettere sulle conseguenze del suo dipinto, egli provvide a cambiarne il titolo con uno ben più modesto: "Convito in casa Levi", ove vi furono, come noto, anche i farisei e i pubblicani.

Ora che cosa c'insegna questo processo? Secondo me due cose: 1. che è giusto porre un limite al libero arbitrio dell'artista quando sono in gioco questioni che riguardano le convinzioni religiose di milioni di persone; 2. che non ha senso porre dei limiti del genere quando tali convinzioni sono state violate dalla stessa istituzione che avrebbe dovuto tutelarle.

Il *punctum dolens* infatti è proprio questo, che la chiesa romana, a partire dalla svolta di Giotto, aveva per così istituzionalizzato la deriva verso il realismo borghese, stravolgendo tutti i canoni interpretativi consolidati da secoli di tradizione cristiana.

Da Giotto a Michelangelo si assiste praticamente al massacro della pittura religiosa, all'introduzione di un arbitrio progressivo, per lo più intellettualistico, su temi che riguardavano la fede di milioni di persone. Veronese non faceva altro che inserirsi in questa nuova tradizione individualistica, accentuandone gli elementi irriverenti. Finché ad un certo punto la fede stessa viene superata da una concezione laica della vita, che rende inutile, perché obsoleta, la rappresentazione artistica dei temi religiosi.

Tuttavia l'artista "laico" resta un individualista, proprio perché è

---

[4] Papa Paolo IV (1555-59), a motivo dei nudi, voleva abbattere tutta la parete del *Giudizio* per arretrarla; papa Gregorio XIII (1572-85) non voleva neppure vederla; papa Clemente VIII (1592-1605), 50 anni dopo l'ultimazione dei lavori nella Sistina, voleva far ricoprire tutta la parete dell'affresco. Sarà la Congregazione del Concilio a salvarla optando per la soluzione dei "braghettoni".

rimasto "borghese". È semplicemente un borghese senza la fede. La sua arte non è ancora, secondo me, un'alternativa né a quella cattolico-romana, né a quella bizantina.

La storia dell'arte occidentale, a partire da Giotto, è la storia di un'arte che ha progressivamente cercato di estremizzare se stessa, alla ricerca spasmodica di un'identità impossibile, dopo aver rotto i ponti col mondo contadino e con l'arte bizantina che lo rappresentava. Le eccezioni a questo tipo di arte sono appunto quelle costituite dai tentativi di avvicinarsi, sulla scia del socialismo, alle esigenze delle masse popolari.

E.G.

XXIX

E.G.) Se uno si sente responsabile per le sorti dell'umanità, perché non dovrebbe sentirsi legittimato quanto rifiuta l'idea di dover accettare qualunque tipo di produzione artistica, espressa in qualsivoglia forma?

G.N.) Perché l'espressione artistica non nuoce a nessuno, inoltre è una vocazione personale, sebbene limitata dentro certi schemi etici.

E.G.) Se uno vuole sentirsi libero di esprimersi come gli pare, anch'io voglio sentirmi libero di dire ciò che può servire al bene comune e ciò che invece serve alla sola affermazione dell'artista.

G.N.) Giusto, sei liberissimo, ma non d'obbligare gli altri ad agire secondo i tuoi criteri.

C'è una frase famosa di Voltaire che dice: "Non condivido affatto le tue idee, ma darei la mia vita per difenderle".

E.G.) ... se ogni cosa è interconnessa, un'espressione artistica negativa potrebbe avere un riflesso negativo su altri aspetti della vita sociale, del mio e di altri paesi.

G.N.) Questi sono i possibili rischi della democrazia.

E.G.) In altre parole, a me non piace l'idea di dover applicare dei criteri etici solo a quel tipo di arte che appare evidentemente contraria al buon gusto, al senso comune ecc. L'arte non è solo il bello ma anche il vero, il buono e l'utile.

G.N.) Questi concetti, del secolo XIX, sono superati completamente da quando con l'apparizione della fotografia caddero le tre basi su cui si basava l'arte: l'imitazione della natura, il bello e la tecnica.

L'arte è creazione di forme nuove che possono servire di spunto, di meditazione a qualsiasi persona interessata.

E.G.) Uno può agire in campo artistico come vuole, ma deve comunque sapere che non è questo il modo di rappresentare le esigenze del popolo.

G.N.) Il popolo non comprende nulla d'arte: in questo avevano ragione le dittature che esigevano e obbligavano ad accettare un'arte fotografico-figurativa.

E.G.) Perché togliere all'artista la possibilità di un'incidenza sulla vita sociale?

G.N.) L'artista deve esser libero di esprimere ciò che sente. Il successo che avrà, se e quando l'avrà, dipenderà poi dal tempo, dalla prospettiva storica...

E.G.) Se fra artista e pubblico c'è poca comprensione, si tratterà di migliorare la comunicazione, la fruizione dell'opera d'arte, di dare concretezza all'ispirazione artistica.

G.N.) L'artista si convertirà così in un artigiano qualunque, che manipolerà il tutto anticipatamente, secondo il gusto del pubblico, come un attore di teatro, di cinema.

E.G.) Ti dico questo perché soprattutto oggi, dove il concetto vero di "arte" è talmente morto e sepolto che ciò che più interessa non è tanto la sua produzione quanto piuttosto la sua "riproduzione".

G.N.) Anche questi sono dei casi estremi, che non possono o non dovrebbero rientrare nella normalità dell'arte.

E.G.)... il vero concetto di arte oggi non lo fa l'artista quanto il critico, il gallerista, il direttore di un museo, i network dedicati al tema, cioè gli affaristi del mestiere.

G.N.) Il critico serio e un direttore d'un museo serio non fa ciò che tu dici.

E.G.) Oggi l'arte ha smesso di essere spontanea e l'artista produce ciò che il mercato richiede.

G.N.) È che non ci sono grandi artisti oggi nel mondo, ma solo artigiani, oppure abili approfittatori.

E.G.) Nessuno oggi accetterebbe la proposta di diventare il più grande artista del XXI secolo a condizione che per tutta la sua esistenza egli sia costretto a fare la fame (che poi è stata per gran parte la vita di van Gogh).

G.N.) Eppure c'è gente che si suicida, in una o in un'altra forma, perché non riesce ad ottenere la fama che meritano (o credono di meritare).

G.N.

XXX

Non posso guardare l'arte solo da un punto di vista estetico-formale, perché l'arte non è mai solo questo, e chi la guarda solo così è perché preferisce avere la concezione dell'artista come di un uomo il cui genio o talento lo rende così tanto superiore all'opinione comune dominante da giustificare il proprio isolamento, il proprio narcisismo, la propria inevitabile emarginazione, la propria sregolatezza di comportamento, in una parola il proprio autismo.

Per quale motivo dovremmo accettare che un artista di genio si debba rassegnare a una vita "impossibile" nella speranza che dopo la sua morte subentrerà, seppur tardivamente, il meritato riconoscimento? L'artista non ha forse bisogno di vivere, proprio come gli altri esseri umani, un'esistenza normale?

Penso inoltre che abbia poco senso essere contrari a un'arte "impegnata", politicamente schierata, paventando il rischio che un'arte del genere potrebbe essere facilmente strumentalizzata dai poteri dominanti. Qualunque forma artistica può essere strumentalizzata da detti poteri, siano essi di tipo politico o economico.

Una strumentalizzazione può avvenire in tanti modi: diretti e indiretti, ne sia consapevole l'artista o non lo sia affatto. Tutti i poteri dominanti hanno sempre cercato di appropriarsi di una determinata concezione estetica della realtà, facendola diventare prevalente. Nessun artista può sfuggire a questo condizionamento.

Oggi è evidente che in un paese capitalista i governi in carica non hanno bisogno di emanare leggi a favore di questa o quella tendenza artistica. Non scoppiano più iconoclastie furibonde, che dividono in due intere società. Ma questo non significa affatto che sia aumentata la democrazia o che l'aria respirata dall'artista sia più pulita.

In realtà oggi tutto viene deciso in maniera strisciante, sotterranea: sono i poteri occulti dell'economia, quelli che, consapevoli della loro impopolarità, non hanno il coraggio di manifestarsi apertamente (a meno che la società civile non abbia un basso livello di consapevolezza) e che decidono quali forme artistiche devono diventare dominanti e quali no. Lo decidono concedendo o non concedendo spazi o fondi privati e pubblici, garantendo o meno forme di pubblicità, sponsorizzando o meno manifestazioni artistiche ecc.

Tutto oggi è formalmente dichiarato "libero" e sostanzialmente sottoposto a svariate forme di "censura" o di "strumentalizzazione". E chi non accetta il trend deve rassegnarsi a una vita da emarginato, che può durare anche dopo la sua morte, o comunque è costretto a uscire dai circuiti culturali ufficiali. Grandissimi scrittori come Giuseppe Berto o Emilio Gadda da noi restano ancora degli illustri sconosciuti, e anche tutta la letteratura risorgimentale, rispetto a quella classica di Foscolo Leopardi e Manzoni, non si sa cosa sia nelle scuole italiane.

Personalmente se devo scegliere tra un artista apertamente schierato in favore di qualcosa e un artista non schierato, preferisco il primo. E con questo non voglio dire che la sua arte sia di per sé migliore, ma semplicemente che con la sua arte potrei fare un discorso che va al di là dello stesso artista, cioè oltre la sua maestria, il suo genio, la sua sensibilità... La sua arte potrebbe servirmi per fare discorsi culturali, didattici, pedagogici, e anche di politica culturale.

Un artista "impegnato" per me non vuol dire che debba essere iscritto a un partito o a chissà quale organizzazione, ma soltanto che nella trattazione dei suoi soggetti egli è capace di tenere in considerazione le istanze più popolari e non si limita a ritrarre le fattezze, lo stile di vita dei ceti più agiati, che sono sempre minoritari.

Perché gli impressionisti divennero così famosi? Perché riprendevano le movenze della borghesia media e piccola, che in quel momento risultava più popolare dell'aristocrazia e anche dell'alta borghesia.

Per un artista si tratta di sapere se il condizionamento di cui deve tener conto debba essere accettato come un dato di fatto (e fino a che punto lo si debba accettare), oppure se esso debba essere combattuto, chiarendo in quali forme e modalità sia possibile operare delle svolte.

Un artista non è migliore se può esprimersi liberamente, ma se è capace di farlo in rapporto al contesto in cui vive, ascoltando le istanze che vengono dal basso. La sua arte deve cercare una mediazione, altrimenti è solo frutto del suo sentire individuale.

Con questo non voglio neppure dire che artisti come David, Delacroix, Courbet rappresentino il prototipo dell'artista *engagé*. Non c'è un modello da seguire. Mi piace che un artista come David abbia sostenuto gli ideali giacobini, mi piace meno quando lo stesso artista ha sostenuto quelli napoleonici, benché avesse sicuramente affinato la sua tecnica.

Cioè, voglio dirti, non è l'impegno politico in sé che rende un artista migliore di un altro, ma è l'impegno politico verso i *valori umani e democratici*. Sotto questo aspetto difficilmente sosterrei degli artisti proni alla volontà dei regimi dittatoriali.

Tu dirai che van Gogh, pur non essendo mai stato politicamente impegnato, oggi è il più quotato al mondo, e tanti come lui lo sono nelle case d'aste, e che il popolo, in genere, comprende assai poco di arte... Io tuttavia mi chiedo cosa si debba preferire in ultima istanza: contenuti umani pur in presenza di una forma poco originale (p.es. il giovane van Gogh), o contenuti banali o disperati espressi in una forma molto originale? Cioè quanto spazio dobbiamo dare alla follia, alla stravaganza, alle stranezze individuali? E per quale motivo dobbiamo considerare le quotazioni "borghesi" dell'arte come un parametro per giudicare il valore culturale di un'opera d'arte?

La forma può colpire una, due volte, ma poi, come ci si costruisce qualcosa di utile sopra? Le varianti relative alla forma sono davvero qualcosa di utile alla collettività? Il popolo non va forse educato all'arte e non va forse educato, attraverso l'arte, ai *valori umani e democratici*? Se l'artista si esime da questo compito, come potrà evitarsi un destino di solitudine?

E.G.

Appendici

Compianto del Cristo morto

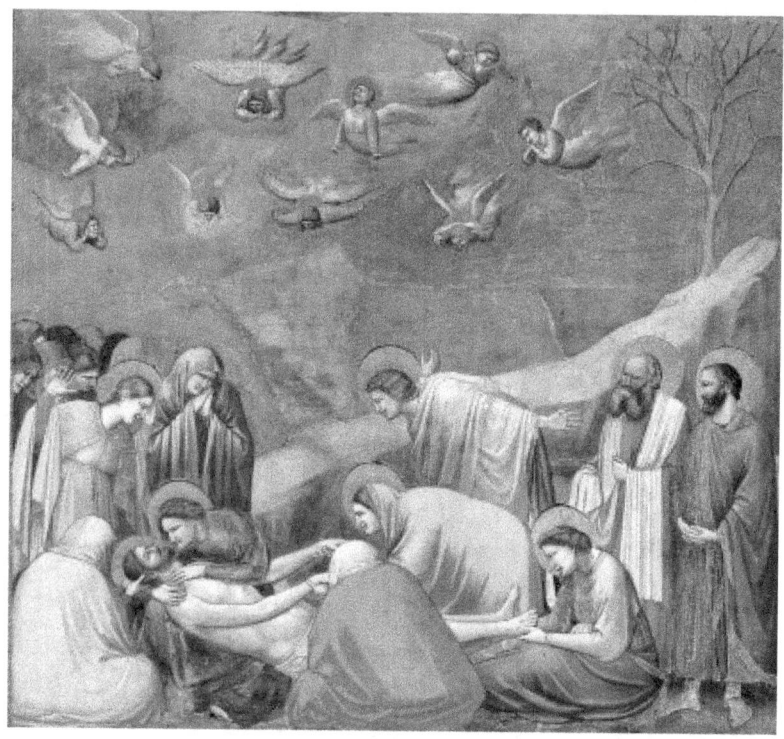

Giotto, Il compianto del Cristo morto
(1303-05, Padova, Cappella degli Scrovegni)

Il Compianto su Cristo morto, che fa parte di un trittico di Giotto i cui estremi sono la crocifissione e la resurrezione, è sempre stato considerato dai critici d'arte uno dei vertici dell'arte occidentale di ogni tempo, il capolavoro che più di ogni altro giustifica la definitiva rottura degli obsoleti schemi bizantini, che in raffigurazioni analoghe non rappresentavano mai gli aspetti soggettivi del dolore in maniera così drammatica.

Il tema stesso della *deposizione* è, a dir il vero, come d'altra parte tutti quelli di tipo "dolorifico", più tipico della tradizione occidentale che non di quella orientale, in quanto i bizantini preferivano trattare quello della crocifissione visto in chiave giovannea, cioè come trionfo sulla morte, e quello della resurrezione visto come discesa agli inferi per la predicazione del vangelo alle generazioni precedenti quella del Cristo, a partire da Adamo ed Eva.

Non era ignoto tuttavia agli iconografi bizantini il tema della *deposizione*, come documenta p.es. questa icona, che sul piano della intensità emotiva non è certo inferiore a quella di Giotto.

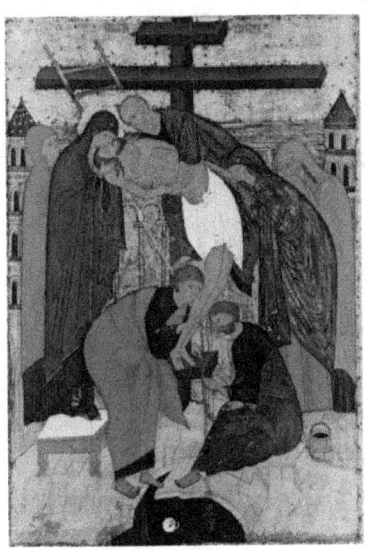

La deposizione dalla croce
Scuola del Nord, sex XV
Mosca, Galleria Tret'jakov

La rivoluzione di Giotto è la conseguenza grafica di quella rivoluzione filosofica compiuta nelle università occidentali passata alla storia come "riscoperta dell'aristotelismo".

A partire da quella riscoperta la teologia cattolico-romana avverte con sempre maggiore urgenza di porsi in maniera "catafatica", mostrando razionalmente ciò in cui crede. La ricerca di prove sull'esistenza di dio pare inversamente proporzionale all'esperienza fattiva di questo dio. L'arte in generale e quella pittorica in particolare seguono lo stesso criterio, anche se in gioco non vi sono tesi da dimostrare ma situazioni emotive da raffigurare, sensazioni da suscitare.

Nel *Compianto* tutti piangono disperatamente, come se in questo modo l'autore volesse suggerire allo spettatore, che vuole partecipare alla rappresentazione scenica, l'atteggiamento di mestizia e afflizione che deve avere nei confronti di un tale affresco.

La morte in generale e ancor più quella del Cristo viene qui colta come un fatto tragico che sconvolge l'esistenza dell'intero creato (anche gli angeli che lo simboleggiano piangono): è un fatto nei cui confronti tutti i soggetti presenti devono assumere un atteggiamento di stoica rassegnazione. Piangono perché ciò fa parte della natura umana, ma sul piano filosofico accettano la sconfitta della morte cruenta come un fatto inevitabile, cui nessuno poteva opporsi.

La pittura umanistica di Giotto vuole mostrare il dolore per rendere lo spettatore più partecipe. È dunque evidente, in questo modo artistico di rappresentare la crocifissione, la rinuncia a credere che la morte sia stata in realtà una vittoria contro la tentazione dell'arbitrio (in cui cadde p.es. Giuda), contro la violazione dell'umanità dell'uomo (in cui caddero p.es. i figli di Zebedeo quando in Mc 10,35 ss. chiesero al Cristo di entrare da dominatori nella capitale o quando volevano radere al suolo un villaggio di samaritani, in Lc 9,54 s., solo perché non li avevano accolti col dovuto rispetto).

Nelle crocifissioni bizantine lo sconfitto non è Cristo ma chi l'ha crocifisso. Il volto del Cristo è sereno non perché morto (come nell'affresco di Giotto), non perché la morte ha posto fine alla sofferenza, ma perché egli è consapevole di non aver violato alcun principio conforme all'umanità dell'uomo. Sulla croce il Cristo trionfa contro ogni evidenza, mentre nella rappresentazione di Giotto occorre che tutti piangano per rendere meno dolorosa la sconfitta della morte.

Se nelle icone bizantine piangono la madre di Cristo o il discepolo prediletto, è perché essi si rendono conto di non essere all'altezza di ciò che hanno perduto; piangono su se stessi, pur essendo evidente nel vangelo di Giovanni che quest'ultimo avrebbe dovuto continuare l'azione iniziata dal Cristo.

In Giotto invece gli astanti piangono un cadavere senza rendersi conto dei loro propri limiti, di ciò che veramente hanno perduto. Hanno bisogno di mostrare, com'è giusto che sia, il loro pianto disperato, ma, così facendo, Cristo viene ridotto a una persona comune e i sentimenti che si provano sono quelli comuni che si possono avere per una persona cara, un parente, un amico...

Una persona è morta e tutti quelli che lo conoscevano e lo amavano naturalmente lo piangono, ma tutto finisce lì: l'umano ha tolto all'umano la sua profondità di pensiero e di azione e, pur nell'esperienza tragica della morte, lo si è banalizzato. Se non sapessimo che il morto è Gesù Cristo avremmo solo i fori nei piedi per immaginare che è stato crocifisso. La croce infatti è stata ridotta a un albero spoglio e il calvario non è che un roccia informe.

La scena peraltro ha degli aspetti incongruenti anche laddove vengono poste due figure del tutto anonime vicinissime al Cristo e alle altre donne piangenti, ben più famose nelle storie dei vangeli. Ma Giotto l'ha fatto apposta: quei due massi o volumi umani sono anonimi perché devono permettere una facile immedesimazione nello spirito della scena da parte di chi guarda: sono due autentici artifici retorici di grande impatto emotivo. Se il Cristo è diventato un morto qualunque, chiunque lo può piangere. L'artista non tenta nemmeno d'ispirarsi ai vangeli, cioè lo fa solo perché non può farne a meno, giacché l'ideologia dominante glielo impone.

Viceversa, l'iconografia bizantina voleva andare oltre il naturale o l'apparente, voleva esprimere una concezione positiva della vita. La morte del Cristo non andava compianta come una sconfitta ma ammirata come una vittoria, contemplata come un mistero di inusitata grandezza umana. L'accettazione della morte voleva essere un messaggio per continuare la strada intrapresa durante la predicazione in terra d'Israele, che poi la mistificazione dei vangeli si guardò bene dal farla coincidere con l'obiettivo della liberazione nazionale.

In Giotto chi piange lo fa per rassegnarsi ancora di più, per giustificare ancora di più la rinuncia a credere in una vita diversa. È un pianto umano senza prospettive, fine a se stesso: dovrebbe far commuovere ma in tale commozione rende passivi.

L'ammirazione che si prova di fronte all'affresco riguarda aspetti estetici e tecnici, ma non vi sono messaggi propositivi da apprendere, non c'è una pedagogia di vita. Il Cristo è già stato virtualmente imbalsamato. I due intellettuali (Giuseppe d'Arimatea e Nicodemo) ai suoi piedi infatti già lo guardano con distacco. L'unico uomo che piange sul Cristo è il discepolo prediletto, qui raffigurato come un giovincello che ancora non sa guardare le cose con sufficiente distacco, perché si commuove al pari delle tante donne attorno alla salma, che ricordano i funerali recitati in certe località dell'Italia meridionale e, se vogliamo, di buona parte della cultura mediterranea.

L'aspetto trascendente di questa morte pare dettato dai dieci putti che piangono a dirotto: una sorta di iconografia puerile che Giotto si vede costretto a concedere alla teologia dominante, ma che in realtà non ha alcun vero rapporto con la scena principale. Anzi, dal punto di vista della composizione scenica, risultano più significativi la roccia, l'albero spoglio, i monti in lontananza...: tutte cose che Giotto ha dovuto in qualche modo sviluppare non avendo rinunciato neppure questa volta all'idea di prospettiva, che solo in apparenza dà un qualche significativo aggiuntivo alla disperazione del pianto.

Il vero protagonista dell'affresco è in realtà lo *spazio*, sapientemente misurato, anzi calcolato al punto che i protagonisti possono muoversi solo al suo interno, come ne fossero prigionieri. I soggetti si sovrappongono a vari livelli: dalle due donne anonime agli angeli incorporei con sguardo umano; l'artista ha aumentato questi livelli artificiosamente, dipingendo delle teste di pie donne senza corpo, allargando le braccia di Giovanni, che quasi toccano la roccia: il tutto per dare un certo effetto di tridimensionalità, come se lo spettatore avesse di fronte a sé una rappresentazione teatrale, in cui però il costone di roccia con l'albero rinsecchito pare svolgere una funzione di mera scenografia, a mo' di disegno posticcio incollato nella parete di fondo.

La varietà gestuale degli angeli sembra una sorta di esercitazione accademica, che probabilmente è stata fatta dai discepoli di Giotto. I critici l'hanno considerata, insieme alle due anonime dipinte di spalle, una vera e propria spregiudicatezza narrativa; se per questo si poteva aggiungere anche il fatto che una delle donne, con la sua aureola e la sua mano, copre i volti di altre due donne, che così risultano del tutto irrilevanti, pur in un momento così tragico, dove l'essenzialità dei personaggi avrebbe dovuto essere la regola. Qui è il concetto di *persona* che viene meno, sostituito da quello di "massa", in cui però le differenze di classe sono ben marcate.

Qui insomma si ha a che fare con una sorta di rappresentazione teatrale in cui ogni personaggio svolge la sua determinata azione, recitando la parte.

Un'ultima osservazione vogliamo farla sul costone di roccia, che pare una sorta di linea di compromesso tra l'umano e il religioso e non soltanto un elemento compositivo. È troppo dominante per potergli attribuire una funzione decorativa, e sarebbe riduttivo interpretarlo semplicemente da un punto di vista tecnico, come una soluzione spaziale innovativa. Esso in realtà ha una funzione simbolica, in quanto rappresenta la coscienza cristiano-borghese dell'artista Giotto, che da un lato vorrebbe emanciparsi totalmente dal religioso e dall'altro non se la sente di farlo, perché perderebbe la committenza. Di qui l'idea di tenere separati i campi, lasciando ad altri il compito di una maggiore coerenza.

L'umanesimo borghese ha qui avuto il merito di ridimensionare il lato religioso della vita medievale, con incredibile anticipo rispetto ai tempi, ma a quale prezzo? Giotto ha ereditato il tradimento della teologia cattolica nei confronti di quella ortodossa e ha sviluppato tale tradimento in direzione di una progressiva laicizzazione della concezione di vita, ma la laicizzazione è stata avvolta dall'esperienza di vita borghese, la cui dominanza prevalente è il *formalismo*, l'assenza di tensione ideale che vada oltre la nuda realtà della morte.

I protagonisti dell'affresco piangono perché di fronte a un proprio morto non si può che piangere, ma riescono a fare soltanto questo. Non c'è forza emotiva verso un ideale da realizzare. Qui la storia è stata sostituita da una poesia che solo superficialmente riguarda i destini dell'umanità.

San Francesco dona il mantello al povero cavaliere

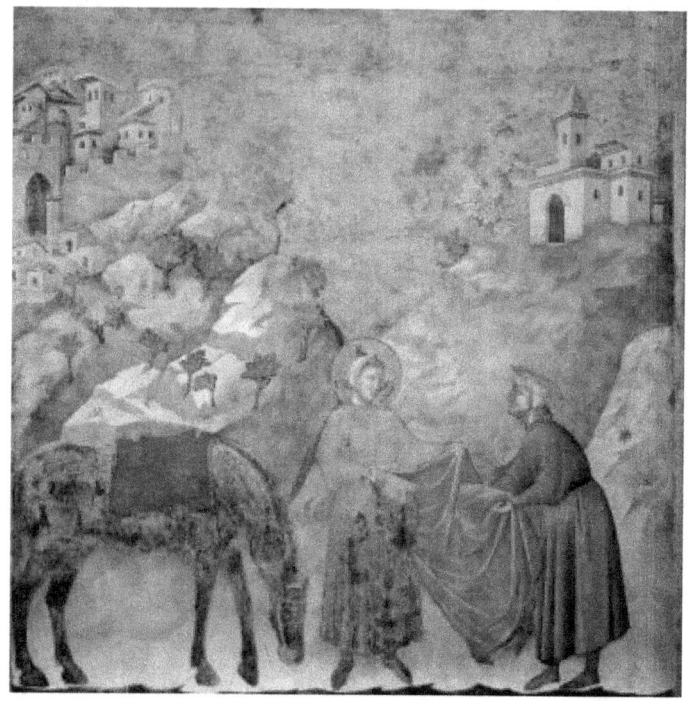

(1290-95, Assisi, Basilica superiore di S. Francesco)

Il cavaliere non sembra povero (infatti nei *Fioretti* si parla di un "ricco cavaliere", "d'un grande gentile uomo e potente").

Il mantello non viene donato a un "povero" ma a un "povero cavaliere" e, per come la scena è impostata, pare, più che una donazione, una compravendita: è Francesco che porge il mantello al cavaliere o il contrario?

Francesco sta nel mezzo ma risulta meno importante, perché posto dietro, sia rispetto al cavaliere, sia - e questo è curioso - rispetto allo stesso cavallo.

Lo sfondo è esageratamente grande rispetto ai personaggi, come se l'autore volesse farlo apparire più importante dell'azione caritatevole del dono.

Il costone raffigurante la città è molto più elaborato di quello raffigurante la chiesa, che appare statica.

Francesco sembra rappresentare il punto di convergenza di una città borghese, attiva, e di una chiesa sostanzialmente passiva.

Il gesto di Francesco esula completamente dalla religiosità e quindi contraddice il personaggio reale e si pone in una dimensione semplicemente umana, ma riducendo l'umano a un'azione banale (quella appunto del gesto caritatevole). L'unico elemento religioso è l'aureola, che è convenzionale.

Non c'è pathos. Le figure sono schiacciate da una concezione cristiano-borghese dell'evoluzione storica: i poteri istituzionali devono trovare un punto di sintesi o di compromesso nella figura di Francesco che con un gesto caritatevole, umano, esprime il massimo ideale possibile di religiosità borghese.

L'ideale (religioso) francescano non è rivoluzionario e quello umano è *borghese*. I poteri costituiti possono tranquillamente accettarlo.

Questo affresco è intellettualistico, razionale, privo di sentimenti. Le figure sono semplicemente funzionali a una rappresentazione ideologica della realtà, bene espressa dallo sfondo prospettico, in cui il sacro e il profano sono spazialmente divisi e simbolicamente riuniti nella figura di un santo che vuole conciliare gli opposti, accettando la propria strumentalizzazione.

L'eroe di cartapesta chiamato Francesco viene usato da Giotto per affermare un senso borghese della storia: ciò è paradossale, in quanto nella realtà Francesco avrebbe voluto realizzare un ideale anti-borghese.

Rinuncia ai beni paterni

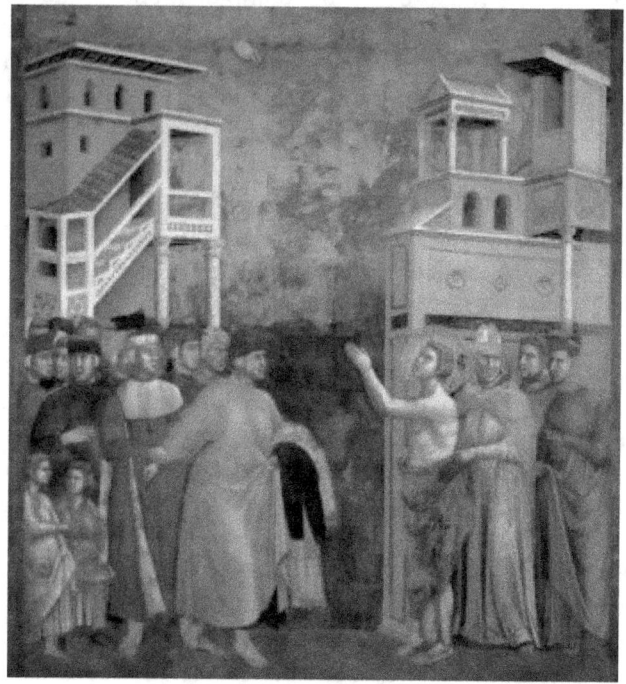

(1295-1300, Assisi, Basilica superiore di S. Francesco)

Sul piano stilistico-formale la vera novità sta nella parte alta dell'affresco, nettamente divisa da quella bassa dei protagonisti dell'evento, e speculare in senso verticale tra città borghese e chiesa medievale. Giotto rende per la prima volta gli spazi scenici prospettici più importanti dei personaggi, ridimensionati dal peso architettonico dei volumi.

Le figure solo in apparenza contrastano tra loro. Francesco rompe sì con la famiglia ma non con la loro concezione borghese di vita. Infatti stanno con lui personaggi tutt'altro che umili, anzi, sono rappresentati da un'architettura urbana non meno imponente di quella borghese. Il santo non sembra aver scelto tra una vita borghese e una anti-borghese, ma tra due differenti esperienze di vita borghese.

I membri del clero paiono a disagio: il vescovo non ha neppure il coraggio di guardare il padre e i parenti di Francesco. Sembra cioè che la chiesa, nella sua veste istituzionale, non voglia lasciarsi direttamente coinvolgere nella decisione di rinuncia ai beni paterni presa da Francesco. Teme di perdere i consensi che le offre la borghesia.

Il padre di Francesco è tenuto fermo da un parente, a testimonianza ch'egli rappresenta il materialismo rozzo, volgare, squisitamente affaristico. Egli non si lascia convincere dai motivi religiosi del figlio e neppure dal fatto che la chiesa rappresenti un'autorità istituzionale.

Da notare che nell'affresco a contenuto analogo, dipinto circa nel 1325 nella Cappella Bardi di Santa Croce in Firenze, l'edificio ecclesiastico è del tutto scomparso e i personaggi del mondo religioso appaiono ancora più sconvolti per la scelta operata da Francesco, ancor più preoccupati delle possibili conseguenze che il gesto di questo "folle di Dio" potrebbe provocare da parte del suo parentado borghese.

La rivalità tra una chiesa che vorrebbe conservare i propri poteri e una classe, quella borghese, che vorrebbe averne sempre di più, è persino testimoniato da due bambini che sono lì lì per prendersi a botte.

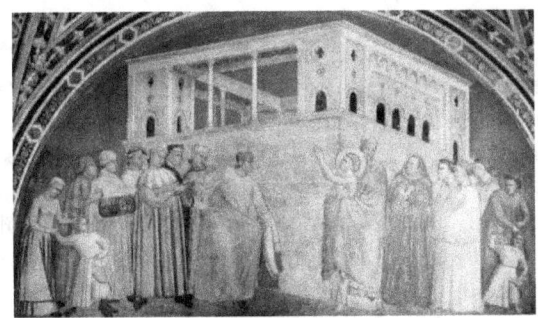

Giotto, La rinuncia agli averi
(1325, Firenze, Santa Croce, Cappella Bardi)

L'iconoclastia

Durante il primo stadio di espansione delle icone (VI-VII sec.), né l'amministrazione delle chiese né i teologi erano intervenuti per favorire il culto delle immagini, che doveva il suo successo alle credenze sparse in larghi strati popolari fin da epoche remote.

Tuttavia, proprio nel 725 fu emanato dal basileus Leone III Isaurico il primo editto che ordinava la rimozione delle icone dalle chiese. Formalmente il motivo fu che stava dilagando la superstizione; in realtà si stava cercando un pretesto per tenere la chiesa subordinata allo Stato e per stabilire un compromesso tra cristianesimo e islam al fine di contenere l'espansione di quest'ultimo.

"Gli Arabi, che da decenni percorrevano in lungo e in largo l'Asia Minore, non portavano a Bisanzio solo la spada, ma anche la loro cultura, e insieme a questa, la loro caratteristica ripugnanza nei confronti della riproduzione delle sembianze umane. L'iconoclastia nasceva così nelle regioni orientali dell'impero da un caratteristico incrocio di un'accezione rigorosamente spirituale della fede cristiana, con le dottrine di settari iconoclasti e le concezioni delle antiche eresie cristologiche, come anche gli influssi di religioni non cristiane, il giudaismo e soprattutto l'Islam".[5]

Tra gli oppositori anti-bizantini più significativi vi era papa Gregorio II che fu punito da Leone III con la confisca di importanti territori: il che indusse la chiesa romana a rivolgersi decisamente verso i Franchi (come noto, nell'800 il papato incoronerà Carlo Magno col titolo di imperatore del sacro romano impero, in aperta violazione del diritto imperiale bizantino, e di lì a poco scatenerà la questione dogmatica del *Filioque* per potersi separare definitivamente anche sul piano ideologico).

Il periodo iconoclasta terminò col Concilio Niceno II del 787 e definitivamente nell'843, dopo la morte dell'imperatore Teofilo, cui successe la moglie Teodora. Finalmente si era capito, grazie soprattutto alle teologie di Giovanni Damasceno, Teodoro Studita e Niceforo di Costantinopoli, non solo che "parola" e "immagine" hanno la stessa dignità, ma anche che la *venerazione* dell'immagine va distinta dall'*adorazione* di ciò che essa rappresenta.

Nel corso del X secolo la chiesa s'impossessò dell'iconografia (ma anche della miniatura e della pittura murale) come di una bandiera,

---

[5] G. Ostrogorsky, *Storia dell'impero bizantino*, Einaudi, Torino 1975.

capace di servire, ancor meglio dei testi, gli scopi della sua ideologia. Decisivo infatti fu il contributo di questa forma di trasmissione dell'ideologia per la conversione di popoli come quello bulgaro, serbo e russo.

Oriente ed Occidente avevano dunque combattuto insieme l'errore iconoclasta, ma l'atteggiamento successivo fu molto diverso: l'Occidente preferì la strada del razionalismo, relegando progressivamente ai margini dell'arte cristiana il simbolismo.

Bibliografia

Sull'arte bizantina

Belting H., *Il culto delle immagini. Storia dell'icona dall'età imperiale al tardo Medioevo*, Carocci, Roma 2001
Bonfioli M., *Attività di ricerca di storia dell'arte bizantina presso l'Istituto*, Ist. Nazionale di Archeologia
Chelli M., *Manuale dei simboli nell'arte. L'era paleocristiana e bizantina*, EdUP
Cutler A. - Nesbitt J., *Le civiltà dell'Occidente. L'arte bizantina*, UTET
Cutler A., *L'Arte bizantina*, UTET
Della Valle M., *Profilo storico dell'arte bizantina (324-1453)*, CUEM
Durand J., *Arte bizantina*, Rusconi Libri
Iacobini A., *Visioni dipinte. Immagini della contemplazione negli affreschi di Bawit* (Studi di arte medievale, 6), Viella, Roma 2000
Kitzinger E., *Alle origini dell'arte bizantina. Correnti stilistiche nel mondo mediterraneo dal III al VII secolo*, Jaca Book
Kitzinger E., *L'arte bizantina*, Il Saggiatore, Milano 1989.
L'arte bizantina, Giunti (Gruppo Editoriale)
Lazarev, V., *Storia della pittura bizantina*, Einaudi, Torino 1967.
Parravicini G., Popova O., Smirnova E., *Bisanzio e la Rus'. Dagli esordi a Teofane il Greco*, La Casa di Matriona, Milano 1999
Pipitone G., *L'arte bizantina a Ravenna*, Carello
Popova O., *Ascesi e trasfigurazione. Immagini dell'arte bizantina e russa nel XIV secolo*, La Casa di Matriona
Zanini E., *Introduzione all'archeologia bizantina*, Carocci, Roma 1994

Su Giotto

Antal F., *La pittura fiorentina e il suo ambiente sociale nel Trecento e nel primo Quattrocento*, ed. Einaudi, Torino 1960
Bacci M., *Giotto*, Firenze 1966
Bandera Bistoletti S., *Giotto. Catalogo completo*, Firenze 1989
Basile G., *Giotto agli Scrovegni. La cappella restaurata*, Skira
Basile G., *Giotto. Le storie francescane*, Electa
Basile G., *Storie francescane*, ed. Electa
Battisti E., *Rinascimento e Barocco*, ed. Einaudi, Torino 1960

Baxandall M., *Giotto e gli umanisti*, ed. Jaca Book, Milano 1994
Bellinati C., *Nuovi studi sulla cappella di Giotto nell'Arena di Padova* (25 marzo 1303-2003), Il Poligrafo
Bellosi L., *Giotto*, Firenze 1981
Bellosi L., *La pecora di Giotto*, ed. Einaudi, Torino 1985
Bergamaschi A., *Oltre Giotto il vero Francesco*, Il Segno
Bimbi B., *L'armadio dei ricordi. Ovvero: Giotto e gli affreschi di s. Francesco ad Assisi*, Lungarno Editore
Bologna F., *Novità su Giotto. Giotto al tempo della cappella Peruzzi*, ed. Einaudi, Torino 1969
Bonsanti G., *Giotto*, Padova 1985
Bozzolato G., *Il Palazzo della Ragione a Padova*, Istituto Poligrafico dello Stato
Brandi C., *Giotto*, Milano 1983
Burresi M. - Caleca A., *Cimabue a Pisa. La pittura pisana del Duecento da Giunta a Giotto*. Catalogo della mostra (Pisa 2005), Pacini
Cavazzini L., *Giotto*, Giunti (Gruppo Editoriale)
Da Giotto al Mantegna, catalogo della mostra a cura di L. Grossato, Padova, Palazzo della Ragione, 1974
Filippetti R., *L'avvenimento secondo Giotto. Cappella degli Scrovegni*, Padova, Cooperativa Itaca
Flores D'Arcais F., *Giotto*, Motta Federico
Frugoni C., *La Cappella degli Scrovegni di Giotto*. Con DVD, Einaudi
Giotto e il suo tempo, atti del convegno internazionale di studi per il VII centenario della nascita, Roma 1971
Giotto e il suo tempo, Motta Federico
Giotto, Rizzoli
Giotto. Gli affreschi della Cappella degli Scrovegni a Padova, Skira
Giotto. La cappella degli Scrovegni, Storti
Giotto. La natività della cappella degli Scrovegni, Interlinea
Giotto. Viaggio interattivo attraverso le opere e i luoghi. CD-ROM, ASHMultiMedia
Girardi M., *Giotto*, Leonardo Arte
Gizzi C., *Giotto e Dante*, Skira
L'opera completa di Giotto, a cura di E. Baccheschi, Milano 1967
Patera B., *Da Giotto alla maniera. Antologia di critica d'arte da Dante all'età del Vasari*, Flaccovio
Previtali G., *Giotto e la sua bottega*, ed. Fabbri, Milano 1974
Sgarbi V., *Da Giotto a Picasso. Discorso sulla pittura*, Società Editoria Artistica
Solinas S., *Giotto*, Edicom Editrice

Tartuferi A., *Giotto*, Sillabe
Thode H., *Francesco d'Assisi e le origini dell'arte del Rinascimento in Italia*, ed. Donzelli
Tomei A., *Giotto. La pittura*, Giunti (Gruppo Editoriale)
Volpe A., *Giotto e i riminesi*, Motta Federico
Zanardi B. – Frugoni C., *Il cantiere di Giotto*, ed. Skira
Zanardi B. - Zeri F. - Frugoni C., *Il cantiere di Giotto*, Skira
Zuffi S. - Crepaldi G. - Lorandi F., *Affreschi. Da Giotto a Michelangelo*, Mondadori

Opere di Giancarlo Nacher Malvaioli inerenti al tema dell'arte

Il mondo dell'arte, Monterrey 1983
Le arti, Monterrey 1992
Correnti pittoriche dei secoli XIX e XX

Bibliografia su Amazon

Attualità:
    La resa (marzo-giugno 2023)
    La linea rossa (dicembre 2022-marzo 2023)
    Multipolare 2022 (luglio-dicembre 2022)
    La guerra totale (maggio-giugno 2022)
    Il signore del gas (aprile-maggio 2022)
    La truffa ucraina (gennaio-marzo 2022)
    Diario di Facebook (2017-2020)
    Diario di Facebook (gen-mar 2021)
    Diario di Facebook (apr-dic 2021)

Memorie:
    Sopravvissuto. Memorie di un ex
    Grido ad Manghinot. Politica e Turismo a Riccione (1859-1967)

Storia:
    L'impero romano. I. Dalla monarchia alla repubblica
    L'impero romano: II. Dalla repubblica al principato
    Homo primitivus. Le ultime tracce di socialismo
    Cristianesimo medievale
    Dal feudalesimo all'umanesimo. Quadro storico-culturale di una transizione
    Protagonisti dell'Umanesimo e del Rinascimento
    Storia dell'Inghilterra. Dai Normanni alla rivoluzione inglese
    Scoperta e conquista dell'America
    Storia della Spagna
    Il potere dei senzadio. Rivoluzione francese e questione religiosa
    Cenni di storiografia
    Herbis non verbis. Introduzione alla fitoterapia

Arte:
    Arte da amare
    La svolta di Giotto. La nascita borghese dell'arte moderna

Letteratura-Linguaggi:
    Letterati italiani
    Letterati stranieri
    Pagine di letteratura
    Pazìnzia e distèin in Walter Galli
    Dante laico e cattolico
    Grammatica e Scrittura. Dalle astrazioni dei manuali scolastici alla scrittura creativa
    Contro Ulisse

Poesie:
Nato vecchio; La fine; Prof e Stud; Natura; Poesie in strada; Esistenza in vita; Un amore sognato
Filosofia:
La filosofia ingenua
Laicismo medievale
Ideologia della chiesa latina
l'impossibile Nietzsche
Da Cartesio a Rousseau
Rousseau e l'arcantropia
Il Trattato di Wittgenstein
Preve disincantato
Critica laica
Le ragioni della laicità
Che cos'è la coscienza? Pagine di diario
Che cos'è la verità? Pagine di diario
Scienza e Natura. Per un'apologia della materia
Spazio e Tempo: nei filosofi e nella vita quotidiana
La scienza nel Seicento
Linguaggio e comunicazione
Interviste e Dialoghi
Antropologia:
La scienza del colonialismo. Critica dell'antropologia culturale
Ribaltare i miti: miti e fiabe destrutturati
Economia:
Esegeti di Marx
Maledetto capitale
Marx economista
Il meglio di Marx
Etica ed economia. Per una teoria dell'umanesimo laico
Le teorie economiche di Giuseppe Mazzini
Politica:
Lenin e la guerra imperialista
L'idealista Gorbaciov. Le forme del socialismo democratico
Il grande Lenin
Cinico Engels. Oltre l'Anti-Dühring
L'aquila Rosa. Critica della Luxemburg
Società ecologica e democrazia diretta
Stato di diritto e ideologia della violenza
Democrazia socialista e terzomondiale
La dittatura della democrazia. Come uscire dal sistema
Dialogo a distanza sui massimi sistemi
Diritto:
Siae contro Homolaicus
Diritto laico

Psicologia:
    Psicologia generale
    La colpa originaria. Analisi della caduta
    In principio era il due
    Sesso e amore
Didattica:
    Per una riforma della scuola
    Zetesis. Dalle conoscenze e abilità alle competenze nella didattica della storia
Ateismo:
    Cristo in Facebook
    Diario su Cristo
    Studi laici sull'Antico Testamento
    L'Apocalisse di Giovanni
    Johannes. Il discepolo anonimo, prediletto e tradito
    Pescatori di uomini. Le mistificazioni nel vangelo di Marco
    Contro Luca. Moralismo e opportunismo nel terzo vangelo
    Metodologia dell'esegesi laica. Per una quarta ricerca
    Protagonisti dell'esegesi laica. Per una quarta ricerca
    Ombra delle cose future. Esegesi laica delle lettere paoline
    Umano e Politico. Biografia demistificata del Cristo
    Le diatribe del Cristo. Veri e falsi problemi nei vangeli
    Ateo e sovversivo. I lati oscuri della mistificazione cristologica
    Risorto o Scomparso? Dal giudizio di fatto a quello di valore
    Cristianesimo primitivo. Dalle origini alla svolta costantiniana
    Guarigioni e Parabole: fatti improbabili e parole ambigue
    Gli apostoli traditori. Sviluppi del Cristo impolitico

INDICE

Miti da sfatare..5
Le pretese di Giotto..8
Per una concezione alternativa dell'arte..15
Iconografia bizantina Suggerimenti per l'arte contemporanea....17
Un cammino per avvicinarsi alla comprensione di un'opera d'arte.........21
Dibattito su Giotto..24
    Appendici..110
    Compianto del Cristo morto...110
    San Francesco dona il mantello al povero cavaliere...........116
    Rinuncia ai beni paterni...118
    L'iconoclastia..120
Bibliografia..122
    Bibliografia su Amazon..125